KB108341

한국외국어대학교 일본연구소 총서 8

고대일본어의 음 탈락 연구

저자 권 경 애

고대일본어의 음 탈락 연구

머리글

이 연구는 필자의 박사학위 논문 내용을 바탕으로 하여 학위 취득 이후의 연구과정에서 수정 및 보강된 내용을 책으로 엮은 것이다.

일본어사에서 시대를 구분할 때 주로 역사적인 구분, 즉, 상대(~794), 중고(794~1192), 중세(1192~1603), 근세(1603~1867), 근대 이후(1868~현재)라는 구분을 사용하게 되는데, 상대와 중고 시대를 합쳐서 고대라 부르기도 한다. 따라서 여기서 다루는 고대일본어는 상대 및 중고 시대에 나타나는 일본어를 가리킨다.

고대 일본어에는 현대 일본어에서 볼 수 없었던 여러 음운 현상들이 나타나는데, 그중에서도 가장 특징적이라 할 수 있는 모음탈락 및 음절탈락 현상을 중심으로 고대 일본어에서 음이 탈락한다는 것이 어떠한 의미를 지니는지, 또 그러한 음 탈락 현상과 기타 현상과는 어떠한 관련이 있는지에 대하여 문체적 측면, 운율적 측면, 기능적 측면 등 다양한 관점에서 고찰해 보고자 하였다.

본서의 고찰을 통해 운문에서의 모음탈락과 산문에서의 모음탈락을 동일시하여 파악해서는 안 된다는 점, 모음탈락 현상을 표기법으로써의 자훈차용 가나 표기의 용례와 함께 다루어서는 안 된다는 점, 음수율의 제약을 받지 않는 복합어에서 모음탈락과 악센트 사이에 상관성이 인정된다는 점, 모음탈락과 공통되는 기능을 갖는 음절탈락이 있다는 것을 확인할 수 있었다.

한편, 언어 운용상의 필요를 충족시키기 위해 발생한 모음탈락 현상도 상대에서만 활발히 일어나고 중고, 중세에 이르러 쇠퇴해 갔는데, 본서에서는 그 원인에 대해서도 다루고자 하였으나 필자의 견해를 피력하는 수준에 머무르고 있다. 또한 음절탈락도 중고, 중세 자료를 통해 확인되는 촉음이나 발음 등, 특수음소의 등장과 밀접한 관계에 있는데 이들과의 연관성 등도 앞으로 더 대조 분석해 볼 필요가 있다. 이러한 부분에 대해서는 앞으로 더 많은 연구와 고찰을 통해 심화시켜 나가야 할 필자의 연구 과제라 생각한다.

역사적으로 볼 때 고대로 거슬러 올라갈수록 자료의 한계성 등으로 인하여 일본어의 옛 모습에 관해서는 지금까지 밝혀지지 않았던 부분이 많았다고 본다. 본서에서의 연구결과는 미흡하고 부족하지만 이러한 연구가 활발히 이루어져 고대일본어의 양상이 조금이나마 밝혀지기를 바랄 뿐이다.

마지막으로 이 책을 출판하기까지 많은 도움을 주신 분들께 감사드린다. 일본어를 전공하기 시작하여 기나긴 유학시절을 거쳐 모교에서 근무하는 오늘에 이르기까지 많은 은사님들의 지도와 선배님, 동료, 후배 여러분들의 도움을 받았다. 특히, 석사 지도 교수이셨던 이 인영(李寅永) 교수님과 박사 지도 교수이셨던 하야시 지카후미(林史典) 교수님께서는 필자의 박사학위 논문이 완성된 후에도 여러 시사적인 지적을 아끼지 않으셨다.

지도 교수님과 여러 은사 교수님들, 그리고 선배님, 동료, 후배 여러분들의 성원 앞에 더 성숙된 모습을 보이고 있지 못해 죄송한 마음 그지없으나 그간의 지도와 도움에 이 자리를 빌어 진심으로 감사의 말씀을 올린다.

아울러 고대일본어 용례를 다루는 관계로 편집상 상당히 까다로운 작업이었음에도 불구하고 본서의 출판을 맡아 애써주신 제이앤씨 사장님과 편집자 여러분께도 감사드린다.

2014년 2월 28일

권 경 애

범례

1. 자료를 본문에 인용할 때 원전의 표기를 다음과 같이 수정하여 게재하였다.
   (1) 원전에서 두 줄로 쓰인 주석은 모두 한 줄로 고쳤다.
   (2) 해독 불가능한 글자는 □로 나타냈다.

2. 인용하는 용례의 원본은 본 저서 마지막의 【인용문헌】란에 게재하였다. 아울러 본문 속에서 자주 인용되는 문헌에 대해서는 다음과 같이 약칭으로 나타냈다.

《모음탈락 및 음절탈락 예》

· 고지키(古事記) → 記
· 니혼쇼키(日本書紀) → 紀
· 고지키 가요(古事記歌謡) → 記歌
· 니혼쇼키 가요(日本書紀歌謡) → 紀歌
· 만요슈 단가(万葉集短歌) → 万
  장가(万葉集長歌)→ 万長
· 후도키 가요(風土記歌謡) → 風土
· 붓소쿠세키카(佛足石歌) → 佛歌
· 쇼소인 몬죠(正倉院文書) → 가나(仮名)문서 갑(正倉院甲)
  가나(仮名)문서 을(正倉院乙)
· 쇼쿠니혼키 센묘(続日本紀宣命) → 宣命
· 신센지쿄(新撰字鏡) → 新撰

《악센트 자료》

· 와묘루이주쇼(和名類聚抄) → 和名
· 루이주묘기쇼(類聚名義抄)
  도쇼료본(図書寮本) → 図名
  간치인본(観智院本) → 観名
  고잔지본(高山寺本) → 高名

진코쿠쇼코쿠진자본(鎮国守国神社本) → 鎮名

·이로하지루이쇼(色葉字類抄)』 → 色葉

·호케쿄탄지(法華経単字)』 → 法単

·고킨와카슈(古今和歌集) 점본(点本)』 → 古今

·슈추쇼(袖中抄)』 → 袖中

·게다쓰몬기초슈키(解説門義聴集記)』 → 解説

·니혼쇼키 간겐본(日本書紀 乾元本)』 → 紀 · 乾元

3. 일본어 표기는 가나로 표기한 후 로마자 표기를 더하여 일본어에 능통하지 않은 독자들도 음가를 알 수 있게 하였다. 고대 일본어에 대응되는 로마자 표기는 아래 표와 같다.

		행													
a단		あ ア	か カ	が ガ	さ サ	ざ ザ	た タ	だ ダ	な ナ	は ハ	ば バ	ま マ	や ヤ	ら ラ	わ ワ
		a	ka	ga	ca	ja	ta	da	na	fa	ba	ma	ya	ra	wa
i단		い イ	き キ	ぎ ギ	し	じ ジ	ち チ	ぢ ヂ	に ニ	ひ ヒ	び ビ	み ミ		り リ	ゐ ヰ
	甲	i	kï	gï	ci	ji	ti	ji	ni	fï	bï	mï		ri	wi
	乙		ki	gi						fi	bi	mi			
u단		う ウ	く ク	ぐ グ	す ス	ず ズ	つ ツ	づ ヅ	ぬ ヌ	ふ フ	ぶ ブ	む ム	ゆ· ユ	る· ル	
		u	ku	gu	cu	ju	tu	dzu	nu	fu	bu	mu	yu	ru	
e단		え エ	け ケ	げ ゲ	せ セ	ぜ ゼ	て テ	で デ	ね ネ	へ ヘ	べ ベ	め メ	江	れ レ	ゑ ヱ
	甲	e	kë	gë	ce	je	te	de	ne	f	b	m	ye	re	we
	乙		ke							f	b	m			
o단		お オ	こ コ	ご ゴ	そ ソ	ぞ ゾ	と ト	ど ド	の ノ	ほ ホ	ぼ ボ	も モ	よ ヨ	ろ ロ	を ヲ
	甲	o	kö	gö	cö	jö	tö	dö	nö	fo	bo	mö	yö	rö	wo
	乙		ko	go	co	jo	to	do	n0			mo	yo	ro	

〈상대 가나 표기법에 의한 상대 일본어의 음절〉

1) 상대 일본어의 경우 학자에 따라 상대 특수 가나표기법에 맞춰 표기를 하는 경우가 있어 甲乙을 구별하여 표시해 두었다.

2) サ행음과 ザ행음은 현대일본어에서는 [sa] [za]음이지만 고대에는 파찰음 계통([ʦ] [ʧ] [ʨ] [dz] [ʤ] [ʥ]) 이라는 설과 마찰음 계통([ʃ] [ɕ] [ʒ] [ʑ])이라는 설이 있는데, 전자의 주장이 더 설득력을 얻고 있어서 이 책에서는 /c/ / j/를 대표 부호로 하여 표기하기로 한다.

3) タ행음과 ダ행음은 현대일본어에서 [t] [ʦ] [ʨ] 및 [t] [dz] [ʥ]음으로 나타나지만 고대에서는 [t] [d]음 이었던 것으로 추정되고 있어 /t/ /d/로 통일하여 표기한다.

4) ハ행음은 현대일본어에서는 [h](성문 마찰음), [ɸ](양순 마찰음), [ç](경구개 마찰음) 등으로 나타나지만 고대에서는 양순 파열음 내지 마찰음이었던 것으로 추정된다. 본서에서는 편의상 /f/ 로 표기하기로 한다. 또한 현대일본어에서의 청음(はハ[ha]행음) 대 반탁음(ぱパ[pa]행음)의 대립이 고대 일본어에서는 존재하지 않았으므로 반탁음 음가는 표시하지 않았다.

목 차

제1장

서 론

고대일본어의 음 탈락 연구

제1장

서 론

1 본서의 목적과 연구방법

상대 일본어에서 어두에 모음 음절을 가지는 단어가 다른 단어 뒤에 접속하여 복합어 또는 연어(連語. 부속어를 동반하는 복합형식. 예) ワガイモ(wagaimo, 吾が妹) > ワギモ(wagimo) 등)를 구성할 때 다음과 같은 현상을 볼 수 있다.

(1) 선행하는 단어 말미음절의 모음이 탈락하여 말미음절을 구성한 자음과 후속 단어의 어두모음 음절이 결합하여 새로운 음절을 구성한다.

アラ(荒)+イソ(磯) > アリソ
ara ico arico

クレノ(呉の)+アヰ(藍) > クレナヰ
kureno awi kurenawi

(2) 후속 단어의 어두모음 음절이 탈락한다.

ハナレ(離)+イソ(磯) > ハナレソ
fanare ico fanareco

アガ(吾が)+オモフ(思) > アガモフ
aga omofu agamofu

이와 같은 현상에 대하여 일본에서는 종래에 (1)을 약언(約言), 약음(約音), 축언(縮言), 축약(縮約)이라는 명칭으로, (2)를 약언(略言), 약음(略音), 탈락(脫落) 등의 명칭으로 부른 적도 있지만 현재는 (1)과 (2) 양쪽을 모두 합쳐 모음탈락이라 부르는 것이 일반적이다.

상대 일본어에서의 모음탈락에 관해서는 일찍이 에도(江戸) 시대부터 고찰이 이루어져 왔으며 일본어 음운 연구사 중에서 매우 활발히 연구가 진행되어 온 분야 중의 하나이다.

그러나 기존 연구를 개관해보면 대다수가 '어떤 음이 탈락했다'고 하는 표면적인 사실만을 중시하고 있으며 탈락을 일으키는 조건을 찾는 데 지나치게 중점이 놓여 진 경향이 있었다. 다시 말해서, '어떠한 경우에 (1)과 같이 말미음절의 모음이 탈락하는가', 또 '어떠한 경우에 (2)처럼 어두모음 음절이 탈락하는가' 하는 부분을 둘러싼 논의로 일관된 듯하다. 그러나 모음탈락은 어떤 일정한 음 환경 속에서 반드시 규칙적으로 일어나는 현상이 아니다.

(3) ミヅ(水)+ウミ(海) > ミヅウミ(湖)
midu umi miduumi

(4) フセ(伏)+イホ(庵) > フセイホ(伏庵)
fuce ifo fuceifo

예를 들면 (3) (4)와 같이 모음탈락이 일어나지 않는 예들도 많이 존재하고 있다. 따라서 상대 일본어에 있어서 왜 모음이 탈락할 필요가 있었는지에 대해 다시 한 번 음미할 필요가 있다. 지금까지 그러한 방향으로 진행된 연구는 소수에 불과하고 충분한 성과도 거두지 못 했다고 본다.

본서에서는 탈락형만을 대상으로 한 종래와 같은 연구방법을 취하지 않고 모음탈락이 일어나지 않은 예(본서에서는 '비탈락형'이라 부르기로 한다)에 대해서도 초점을 맞춤으로써 모음탈락 현상을 재조명하고, 더불어 탈락형이 나타나는 문체의 특징 및 다른 음운 현상과의 관련성을 종합적으로 검토해 보기로 한다. 그 결과로 모음탈락의 일부는 자연발생적으로 생긴 현상이 아니라 언어를 운용하는데 그 필요성을 충족시키기 위해 일어난 현상이었다는 것을 밝힌다. 또한 같은 관점에서 음절탈락에 대해서도 언급하기로 한다.

 본서의 구성과 개요

본서는 일곱 개의 장으로 구성되어 있다.

제1장 서론
제2장 선행연구
제3장 모음탈락과 문체적 제약 — 음수율과의 관련성
제4장 모음탈락의 방식 — 자훈차용 가나 표기와의 관련성
제5장 모음탈락과 악센트 — 융합표시 수단으로써의 양자의 상관성
제6장 기능적인 측면에서 본 음절탈락
제7장 결론

2장 이하의 각 장에서 밝히는 내용은 다음과 같다.

제2장에서는 상대 일본어에서의 모음탈락현상이 종래에 어떻게 파악되어 왔는지, 어떠한 점이 주목받아 왔는지 개개의 논고를 검토하면서 그 문제점을 지적한다. 그 후 선행연구의 문제점에 대한 본론의 입장을 구체적으로 서술한다.

제3장에서는 모음탈락에 대해 문체적 측면과 운율적인 측면에서 고찰한다. 우선 문헌을 운율성이 있는 것과 그렇지 않은 것으로 크게 나눈 다음, 모음탈락이 나타나는 방식을 검토하여 일정한 음수율을 가지는 정형시라는 제약이 모음탈락현상을 어떻게 좌우하고 있는지에 대해 고찰한다. 특히 부속어 및 특정 동사 'オモフ(omofu, 思ふ)', 'イヅ(idu, 出づ)' 등)를 포함하는 형식인 경우에서 발생한 모음탈락의 경우에는 운문에서의 음수 제약에 좌우되는 경향에 있었다는 점을 밝힌다. 더불어 구두어(口頭語)에서 이미 탈락형이 발달하여 비탈락형과 공존상태에 있었던 것으로 보이는 [~アリ(ari)]식 탈락형(ニアリ[niari] >ナリ[nari] 등)이 비탈락형과 어떠한 관계에 있었는지에 대해서도 밝힌다.

제4장에서는 모음탈락의 양상에 대해 검토한다. 상대 일본어에 있어서의 일반적인 모음탈락과 운문이라고 하는 문체적 특징을 반영하고 있는 것으로 보이는 모음탈락이 탈락하는 부분 면에 차이가 있다는 점에 주목하여 그 이유를 생각한다. 문체적 특징을 고려함으로써 탈락하는 부분이 모음의 울림정도[1]나 넓고 좁음에 의해 결정된다고 간주되어 온 종래의 인식에 문제가 있음을 밝힌다. 또한 모음탈락을 전제로 사용된 차훈 가나표기의 경우는 음운현상으로서의 모음탈락 예와 동일한 원리로 설명되어야 할 성질의 것이 아니라 운문 속에서 훈(訓)을 쉽게 파악할 수 있도록 하기 위해 고안된 일종의 표기법이었다는 점을 밝

1 기시다 다케오(岸田武夫, 1942, p45)는 이를 '향도(響度)'라 명명하였다. 본서 p25도 참조.

힌다.

제5장에서는 음수율의 제약을 받지 않는 모음 탈락형, 즉 복합어의 접합부분에 발생하는 모음탈락에 대하여 악센트와의 상관성을 고찰한다. 우선 접합부분 — 선행성분의 말미음절 및 후행성분의 어두음절 — 에 있어서 악센트의 높이가 같은 경우에는 탈락이 일어나기 쉽고 다른 경우에는 탈락이 일어나기 어려운 경향이 보인다는 점을 밝히며, 그러한 경향이 어떠한 의미를 가지는지에 대해 복합어에서의 융합표시와 단어형태표시 기능이라는 관점에서 음미한다.

제6장에서는 표기 면에서 음절이 탈락해 있는 것처럼 보이는 현상(본서에서는 '음절탈락'이라 부르기로 함)에 대해 고찰한다. 종래에는 음절탈락에 관해서도 탈락하는 음절의 전후 음 환경에 중점이 놓이는 형태로 연구가 진행되어 왔지만, 모음탈락과 마찬가지로 탈락형과 비탈락형(원형)과의 관계 속에서 파악되어야 할 현상이라는 점을 지적한다. 또한 실제로 음절이 탈락한 것으로 볼 수 있는 용례의 경우, 음절의 탈락에 의해 언어 운용 면에서 어떠한 기능을 하고 있는지에 대해 모음탈락에 보이는 일련의 경향과 비교하는 과정 속에서 밝힌다.

제7장 결론에서는 본 고찰에 의해 밝혀진 내용을 총괄하고 고대 일본어에서의 모음탈락 현상이 어떻게 파악되어야 하는 현상인지에 대해 논함과 동시에 앞으로의 과제에 대해 언급한다.

고대일본어의 음 탈락 연구

제2장

음 탈락에 관한 연구 개관

1. 선행연구의 개관
2. 선행연구의 문제점에 대한 본서의 입장

고대일본어의 음 탈락 연구

제2장

음 탈락에 관한 연구 개관

제2장에서는 상대 일본어에서의 모음탈락에 대해 처음 본격적으로 다룬 기시다 타케오(岸田武夫, 1942) 이후의 논고를 중심으로 모음탈락 문제가 어떻게 파악되어 왔는지, 또 어떠한 점이 주목받아 왔는지에 대해 고찰한다.

연구의 흐름을 살펴보기 위해 기본적으로 발표된 논고 순으로 검토하여 문제점을 지적하고 선행연구의 문제점에 대한 본서의 입장을 구체적으로 서술한다.

1 선행연구의 개관

1.1 기시다 다케오(岸田武夫, 1942·1948)

기시다(1942)는 모음탈락의 원리를 연모음(hiatus, 連母音)의 회피에서 찾고 있다. 즉, 상대 일본어에서 '모음 음절 ㅡ 모음 하나로 이루어지는 음절 ㅡ 은 어두 이외에 나타나지 않는 것이 원칙이었다' 고 지적하며

> 모음 음절을 어두에 가지는 단어가 다른 단어 뒤에 접속해서 복합어 또는 연어를 구성할 때, 앞의 단어 마지막 음절에 포함되는 꼬리모음 ㅡ 음절의 구조적 요소로서의 모음 ㅡ 과 접촉하여 모음이 중복해서 출현하기 때문에 그것을 피하려는 경향에서 (1) 뒤 단어 어두의 모음 음절이 탈락하거나, (2) 앞 단어 어미의 꼬리모음이 탈락한다(뒷부분 생략)
> 母音音節を語頭に持つ語が、他の語の後に接して、複合語または連語を構成する時、前の語の最後の音節に含まれる尾母音——音節の構造的な要素としての母音——と接触して、母音が重出する為に、それを避ける傾向から、(一)後の語の母音音節が脱落するか、(二)前の語の語尾の尾母音が脱落する(後略) [p58]

는 현상이 생긴다고 파악하고 있다[2]. 그런 다음 기시다(1942)는 연모음의 회피라고 하는 탈락 이유가 지나치게 강조되는 것보다 모음탈락 문제는 모음 음절과 꼬리모음 중 어느 한 쪽이 어떠한 경우에 탈락하는가 하는 점을 문제시해야 한다고 지적했다. 기시다(1942)에서의 모음탈락

2 기시다(岸田武夫, 1984)『国語音韻変化の研究』武蔵野書院에서는 기시다(1942)를 수정하여 모음음절의 탈락을 '탈락', 선행단어에서의 말미음절의 꼬리모음 탈락을 '소멸・약음'이라는 용어로 구별하고 있다.

법칙은 다음 두 가지로 정리할 수 있다[3].

첫째, 선행단어의 말미음절 모음과 후속단어의 어두모음 음절이 접촉하여 그 중 하나가 탈락하는 경우에는 선행단어의 말미음절 모음의 탈락이 원칙이다.

둘째, 다음 4개 항목에 해당하는 경우에 한해 후속단어의 어두 모음 음절이 탈락하는 경우가 있다.

(A) 후속단어의 어두모음 음절이 선행단어의 말미음절 모음보다도 좁은 모음일 때에 탈락할 가능성을 갖는다.

- [-a] [-o] [-e] + [i] → [i]의 탈락

  ワガイヘ(吾家) → ワガヘ
  wagaife wagafe

  ハナレイソ(離磯) → ハナレソ
  fanareico fanareco

- [-a] [-o] [-e] + [u] → [u]의 탈락

  ワレハヤウヱヌ(吾はや飢ゑぬ) → ワレハヤヱヌ
  warefayauwenu warefayawenu

(B) 후속단어의 어두 모음음절이 전설모음이고 선행단어의 말미음절의 모음이 후설모음일 때에 탈락할 가능성을 갖는다.

- [-u] + [i] → [i]의 탈락

  タツイヅ(立出) > タツヅ
  tatuidu tatudu

- [-o] + [e] → [e]의 탈락

  해당 용례 없음

(C) 후속단어의 어두모음 음절과 선행단어의 말미음절 모음이 같은 모음

---

3 용례는 기시다(1942)에서 필자가 발췌하였다.

일 때에는 그것이 하나로 될 가능성을 갖는다.

- [-a] + [a]

  アサアケ(朝明) > アサケ
  acaake acake

- [-i] + [i]

  コキイレ(扱入) > コキレ
  kokiire kokire

(D) 앞의 세 항에 해당하지 않는 경우나 혹은 후속단어의 어두모음 음절이 연음(連音)의 처음에 나타날 때에는 후속하는 음절의 자음이 후속단어의 어두모음 음절과 유사한 음이거나 또는 후속단어의 어두모음 음절과 뒤에 접속하는 음절의 모음이 같은 모음인 경우에 한하여 후속단어의 어두모음 음절이 탈락할 가능성을 갖는다.

- [u · wu]

  イヒニウヱテ(飯に飢ゑて) > イヒニヱテ
  ifiniuwete ifiniwete

- [u · tu · ru]

  ヌギウツル(脱葉) > ヌギツル
  nugiuturu nugituru

- [o · mo · fu]

  アレオモフ(吾思) > アレモフ
  areomofu aremofu

요컨대 선행단어 말미음절의 모음 탈락을 원칙으로 하는 입장을 취하면서 전후의 음 환경에 따라 후행단어의 모음음절이 탈락하는 경우가 있다고 보는 것이다.

두 번째의 네 항목(A~D)은 후에 하시모토 신키치(橋本進吉, 1948)의 비판을 받게 되는데 구체적인 부분에 대해서는 1.2에서 자세히 살펴보기로 한다.

한편, 기시다(1948)은 앞에서 살펴본 기시다(1942)와는 다른 관점에서 서술하고 있다. 즉, 기시다(1948)에서는 선행단어의 말미음절의 모음 탈락을 원칙으로 하는 입장을 철회하고 선행단어의 말미음절의 모음 탈락에도 연음 관계에 바탕을 둔 일정한 조건이 존재함을 지적하고 있다.

> 그 현상(선행단어 말미음절 모음의 탈락 : 필자 주)이 생기는 음절의 전후 어느 한 쪽의 인접 음절이 그 음절 중의 꼬리모음과 같은 모음이거나 혹은 그보다 향도(響度, sonority)가 큰 모음을 갖는 음절인 경우에 이 현상이 생길 가능성이 존재한다는 것이다.
> その現象の生じる音節の前後何れかの隣接の音節がその音節中の尾母音との間に同じ母音か或はそれより響度(sonority)の大きい母音を持つ音節である場合に、この現象の生じる可能性が存するといふことである。 [p45]

음의 '향도'는 아리사카 히데요(有坂秀世, 1940)[4]의 용어인데 그에 따르면 '향도'란 '음 에너지의 양에 대응하는 주관적인 감각량'으로, 향도의 많고 적음은 '대체로 인두(咽頭) 위 통로의 개폐 정도에 비례한다'고 지적한다. 기시다(1948)은 통로의 개폐 정도가 모음에서는 [a]・[o]・[e]・[u]・[i]의 순으로 점차 작아지므로 모음의 '향도' 역시 이 순서에 따라 작아지는 것으로 보고 있다. 예를 들어, 선행단어의 말미음절에 모음 [-o]가 포함되는 경우에는 (1)a와 (1)b와 같이 앞에 접속하는 음절에 [-a][-o]의 모음을 가지는 경우와 (1)c처럼 뒤에 접속하는 모음음절이 [a]・[o]인 경우에만 소멸할 가능성이 있다.

---

4 아리사카 히데요(有坂秀世, 1940)『音韻論』三省堂, p98.

(1) a. [-a・-o] + [u]

ハラノウチ(腹内) > ハラヌチ
faranouti faranuti

b. [-o・-o] + [u]

ヨコウス(横臼) > ヨクス
yokoucu yokucu

c. [-e・-o] + [a]

クレノアヰ(呉藍) > クレナイ(紅)
kurenoawi kurenawi

그에 반해 전후 음절 모두가 [e]・[u]・[i] 와 같은 모음을 가지는 경우에는 (2)와 같이 소멸하는 경우가 없다고 한다.

(2) a. [-i・-o] + [u]

アフミノウミ(淡海の海) > アフミノミ
afuminoumi afuminomi

b. [-u・-o] + [u]

タツノウマ(竜の馬) > タツノマ
tatunouma tatunoma

기시다(1942, 1948)을 정리하면 선행단어의 말미음절 모음이 탈락하거나 후행단어의 어두모음 음절이 탈락하는 조건으로서 이들 앞뒤에 위치하는 모음의 향도(광모음인가 협모음인가)를 고려해야만 한다는 것이다. 기시다 씨의 견해는 모음탈락에 대해 '모음의 향도(광협)'라는 일관된 법칙으로 설명할 수 있다는 점에서 가와바타 요시아키(川端善明, 1968)[5], 야마구치 요시노리(山口佳紀, 1971)의 지지를 받았다. 그

5 가와바타 요시아키(川端善明, 1968)은 하시모토(橋本, 1948)을 비판하며 기시다(岸田, 1942)를 지지하는 논고인데 야마구치 요시노리(山口佳紀, 1971)의 견해와 기본적으로 일치하고 있으므로 본 절에서는 생략하였다.

러나 기시다의 이론에는 다음과 같은 문제점이 있다.

첫째, 용례의 음미가 철저하게 이루어지지 않았다는 점이다. 기시다(1942, 1948)에서 든 용례 중에는 적절한 용례로 볼 수 없는 것들도 포함되어 있는데, 예를 들면, 자음가나(字音仮名) 표기 용례에 국한하지 않고 신명(神名)・인명(人名)・지명(地名) 등을 포함시킨 자훈차용 가나(字訓借用 仮名) 표기의 용례에 대해서도 고찰의 대상으로 삼고 있다는 점이다. 기시다(1942)는 자훈차용 가나 표기의 경우도 일반적인 음운 현상을 떠나서는 생각할 수 없다고 보아 고찰 대상에 포함시키고 있으나 고유명사는 어원에 대한 자의적인 추정이 가해졌을 가능성이 있다. 또한 자훈차용 가나 표기의 경우, 표기 측면에서의 특수한 고안에 의해서 만들어졌을 가능성이 있기 때문에 일반 음운현상과 같이 다루기는 어렵다.

(3) a. アサイリ(朝入) > アサリ(漁)
acairi acari

b. ユウツリ(湯移) > ユツリ(移)
yuuturi yuturi

예를 들어, 자훈차용 가나 표기의 용례에는 (3)a와 같이 모음 음절이 탈락하는 경우와 (3)b와 같이 앞에 접속하는 음절의 모음과 모음음절이 같은 모음인 경우가 주류다. 자훈차용 가나 표기에 보이는 위와 같은 경향에 대해서는 쓰루 히사시(鶴久, 1968)의 논고가 있어, (3)과 같이 어두 모음음절이 탈락한 것처럼 보이는 예는 자훈차용 가나 용법의 법칙에 의한 것이지 모음탈락의 사례가 아니라는 점을 주장하고 있다.

둘째, '~モフ(mofu, 思ふ)' '~ヱ(we, 飢ゑ)' 와 같이 항상 모음음절이 탈락한 형태로만 문헌에 나타나는 단어의 경우에도 모음의 향도라는 법칙이 적용됨으로써 선행단어가 무엇인가에 따라 어두 모음음절의

탈락 이유가 달라진다고 하는 모순이 발생한다.

(4) a. アハ + オモフ(吾は思) > アハモフ : 기시다 설(A)
afa omofu afamofu

b. アレ + オモフ(吾思) > アレモフ : 기시다 설(D)
are omofu aremofu

(5) a. ワレハヤ + ウヱヌ(吾はや飢ゑぬ)
warefaya auwenu

> ワレハヤヱヌ : 기시다 설(A)
warefayawenu

b. イヒニ + ウヱテ(飯ニ飢ヱテ) > イヒニウヱテ
ifini uwete ifiniwete : 기시다 설(D)

'～モフ(mofu, 思ふ)' '～ヱ(we, 飢ゑ)'와 같은 경우에는 왜 모음 음절이 탈락한 형태로밖에 문헌에 나타나지 않는가 하는 점에 좀 더 주목할 필요가 있을 것이다.

셋째, 법칙에 반하는 예외 용례들, 예를 들어 (6)처럼 동일한 음 환경임에도 불구하고 양쪽의 탈락형이 나타나는 경우가 있는데 이에 대한 충분한 설명이 없다는 점이다.

(6) a. ハナレイソ(離磯) > ハナレソ・ハナリソ
fanare-ico fanareco · fanarico

b. トイフ(と言) > トフ・チフ
to-ifu tofu · tifu

c. ワガイヘ(吾が家) > ワガヘ・ワギヘ
waga-ife wagafe · wagife

하나의 법칙으로 모든 것을 설명하려다 보니 법칙에 맞지 않는 것들은 예외로 취급해 버리는 것은 기계적이고 평면적인 사태파악 방식이다.

넷째, 무엇보다도 큰 문제점은 모음탈락의 법칙을 세우는 일에 지나치게 중점을 두고 있어서 같은 조건을 지니면서도 모음탈락이 일어나지 않는 복합어나 연어(連語)에 대한 고찰이 빠져 있다는 점이다. 이는 모음탈락의 이유를 기계적으로 연모음의 회피에서 찾았던 결과에서 비롯되었다고 본다. 모음탈락이 일어나지 않는 예들에 대해서도 왜 탈락하지 않았는지에 대한 충분한 설명이 필요하다.

이상에서 지적한 문제점은 기시다 설을 계승하고 있는 많은 연구에 대해서도 마찬가지로 지적할 수 있는 부분이다.

1.2 하시모토 신키치(橋本進吉, 1942·1948)

하시모토(1942, 1948)은 모음탈락이 발생하는 이유를 기시다(1942)와 마찬가지로 연모음의 회피에서 찾고 있다.

> 하나의 음절체(音節體) 또는 이에 준하는 것의 내부에서 두 개의 모음이 직접 접촉해 나타나는 경우에 어느 한 쪽이 탈락하여 그 접촉을 피한 것이며(뒷부분 생략)
> 一つの音節体又は之に準するものの内部に於いて二つの母音が直接に接触してあらはれる場合に、どちらかが脱落してその接触を避けたのであつて(後略) [p93]

> 일본어에서 모음이 직접 다른 모음과 연접해서 나타나는 것을 꺼려 이를 피하기 위해 한 쪽을 탈락시키는 경향이 있던 것으로 해석할 수 있다(뒷부분 생략)
> 我が国語に於いて、母音が直ちに他の母音と連接してあらはれるのを押厭つて、之を避ける為に一方を脱落せしめる傾向があつたものと解せられる(後略) [p31]

단, 기시다(1942)와 달리 모음 음절의 특징 중 하나로 노래 구(句)[6] 속에서는 모음 음절이 포함되는 경우가 항상 허용된다는 점을 지적하고 있다.

> 하나의 음절결합체 또는 이에 준하는 것 중에서 그 구성요소의 결합의 긴밀도는 (1)단어를 구성하는 여러 음운의 결합, (2)복합어를 구성하는 단어와 단어와의 결합, (3)연어를 구성하는 단어와 단어와의 결합 순서로 점차로 그 결합 정도를 줄이는데, 이 긴밀도에 대응하여 모음 음절이 음결합체의 처음 이외에 자리 잡는 경우는 (1)단어에서는 원칙적으로 허용되지 않고, (2)복합어에서는 허용되지만 탈락하는 경우가 많으며, (3)연어에서는 허용되지만 때때로 탈락하는 경우가 있고 그 중에서도 노래의 한 구를 이루는 연어에서는 항상 허용되며 그를 위해서 자수초과[7]가 되는 것을 꺼리지 않지만 그런 경우에는 정수(定數) 이외의 것으로 특별 취급된다. (밑줄은 필자에 의함)
>
> 一つの音節結合体またはこれに準するものの中で、その構成要素の結合の緊密度は、(一)語を構成する諸音韻の結合、(二)複合語を構成する単語と単語との結合、(三)連語を 構成する単語と単語との結合の順序で次第にその結合度を減ずるのであるが、この緊密度に対応して母音音節が音結合体の最初以外にたつ事は、(一)語においては原則として許されず、(二)複合語のおいては許されるが脱落することが多く、(三)連語に於いては許されるが時として時として脱落することがあり、中にも歌の一句をなす連語では常に許され、それが為に字余りになることを厭はないが、しかしその場合にはその定数以外のものとして特別扱ひにせられるのである。 [p95-96]

6 본 연구에서의 '구(句)'란 상대일본어 가요, 특히 일본 고유의 노래를 구성하는 기본 단위, 즉 5음구 및 7음구를 가리킨다.

7 자수초과(지아마리, 字余り) : 글자 수가 규정보다 많은 것.

즉, 노래의 한 구를 이루는 연어의 경우에 (7)a나 (7)b와 같이 모음 음절이 구 안에 포함되는 경우가 많은데 (7)b와 같이 자수초과(지아마리, 字余り)가 되는 것도 허용되었다는 것이다.

(7) 如何＋ニ(ni)＋アリ(ari)

イカニアル
a. 伊可尓安流 布勢の浦そも ここだくに
ikaniaru

君が見せむと われを留むる (万18-4036)

イカニアラム
b. 伊加尓阿良武 日の時にかも 声知らむ
ikaniaramu

人の膝の上 わが枕かむ (万5-810)

c. 赤駒を 打ちてさ緒引き 心引き

イカナルセナカ
伊可奈流勢奈可 吾がり来むといふ (万14-3536)
ikanarucenaka

그러나 (7)c와 같이 모음탈락이 일어나는 것은 어떠한 경우인지, (7)c의 예와 (7)a(7)b의 예들이 어떠한 관계에 있었는지 등에 대해서는 충분한 설명이 이루어지고 있지 않다. 또한 (8)(9)와 같은 복합어가 노래의 구 안에 오는 경우가 있다.

(8) a. カラ(ル)ウス(kara[ru]ucu, 唐碓)

カルウス　たぶせ
可流羽須は 田盧のもとに … (万16-3817)
karuucufa

b. フセイホ(fuceifo, 伏庵)

フセイホ
布勢伊保の 曲盧の内に … (万長5-852)
fuceifono

(9) a. ヤスイ(yacui, 安眠)

…もとな懸かりて 夜周伊し寝さぬ (万長5-802)
yacuicinacanu

b. アウラ(aura, 足占)

月夜よみ 門に出で立ち

足占して ゆく時さへや… (万12-3006)
auracite

(8)과 (9)는 모두 운문에서 정수음 구(定數音 句)를 충족시키고 있으며, 특히 (9)는 복합성분이 1음절 단어이기 때문에 모음탈락이 기본적으로 일어날 수 없는 예에 해당한다. 따라서 단어 간의 '결합도'라는 측면에서 (8)(9)와 같은 예들을 논하기는 어려울 것이다. 그러나 하시모토(1942)는 일본어 음운사의 전체적인 흐름 속에서 모음 음절의 특성을 문제로 삼고 있다는 사정 때문인지 위와 같은 예들에 대해 충분한 설명을 부여하고 있지 않으며 상대에서의 모음탈락현상에 대하여 단순히 그 경향을 서술하는 것에 그치고 있다.

한편, 하시모토(1948)에서는 모음탈락의 법칙에 대해 다루고 있는데, 기시다(1942)의 논고에 대해 면밀하게 검토한 뒤, 기시다(1942)가 나눈 네 가지 항목(A~D)은 선행단어의 말미음절 모음 탈락을 일반적인 법칙으로 삼은 경우의 예외 범위를 규정한 것으로 보아야 한다고 비판했다.

① 기시다의 (A)는 확실하며 이 경우에 사용되어야 한다.
② 기시다의 (B)에 해당하는 용례는 [u] 뒤의 [i]가 탈락하는 예(タツイヅ(tatuidu, 立出) > タツヅ(tatudu))뿐이지만 다음과 같이 [i] 뒤의 [u]가 탈락하는 것도 있다.

イヒニウヱテ(飯に飢ゑて) > イヒニヱテ
ifiniuwete ifiniwete

ヌキウツルゴトク(脱き棄つる如く) > ヌキツルゴトク
nukiuturugotoku nukiturugotoku

ミウマ(御馬) → ミマ
miuma mima

따라서 전설모음・후설모음과 같은 발음부위의 앞뒤는 결정적이지 않으며 모음의 광협이 문제다.

③ 기시다의 (C)는 어느 쪽의 탈락으로 봐도 결과는 동일하므로 제외해도 좋다.

④ 기시다의 (D)는 개개의 단어에 관한 것이며 모음 음절로 시작하는 단어가 그것만 단독으로 발음되는 경우에도 탈락하기도 하므로 예외적이다.

思: オモフ・モフ
omofu mofu

飢: ウウ(ヱ)・ウ(ヱ)
uu(we) u(we)

위의 지적을 하시모토(1948)는 다음과 같이 정리했다.

> 선행단어 말미음절의 모음과 후행단어 어두의 모음 음절이 접촉하여 그 중 하나가 탈락하는 경우에는 말미음절의 모음이 탈락하는 것이 원칙이다. (중략) 다만 모음 음절이 선행단어 말미음절의 모음보다도 좁은 음(협모음)인 경우에 한해 모음 음절이 탈락하는 경우가 있다.
> 上の語の語尾の母音としたの語頭の母音音節とが接触してその一つが脱落する場合には、語尾の母音が脱落するのが原則である。(中略) 但し母音音節が上の御の語尾の母音よりも狭い音である場合に限り、母音音節が脱落することがある。 [p33-34]

하시모토(1948)의 견해는 기시다(1942)에 비해 간결하다는 점에서

오노 스스무(大野晋, 1955), 다케이 무쓰오(武井睦雄, 1963) 등의 지지를 받았다. 하시모토(1948)에서 주목할 만 한 점은 ④번째의 'オモフ(omofu, 思)' 'ウウ(uu, 飢)' 의 어두 모음음절 탈락을 각 단어들의 개별적인 사정에 의한 것이라고 파악하고 있다는 점이다. 다시 말해서, '思'는 'オモフ・モフ'라는 두 형태가 나타나는데, 예를 들어 'ウルハシミモフ(urufacimimofu)'는 'ウルハシ(urufaci)'와 'モフ(mofu)'의 복합이라고 보고 있다. 이 견해에 따르면 기시다(1942, 1948)에서 지적한 두 번째 문제점 '～モフ(mofu, 思)' '～ヱ(we, 飢)' 등, 항상 어두모음 음절이 탈락한 형태로밖에 문헌에 나타나지 않는 단어에서 앞에 오는 단어가 무엇인가에 따라 모음 음절이 탈락하는 이유가 달라진다고 보는 문제점)은 해결할 수 있다.

(10) a. カタ ＋ オモヒ(片思) ＞ カタモヒ
kata omofi katamofi

b. ワレハヤ ＋ ウヱヌ(吾が飢ゑぬ) ＞ ワレハヤヱヌ
warefaya uwenu warefayawenu

(11) a. アレ ＋ モフ(吾思) ＞ アレモフ
are mofu aremofu

b. イヒニ ＋ ヱテ(飯に飢ゑて) ＞ イヒニヱテ
ifini wete ifiniwete

그러나 (10)은 'オモフ' 'ウウ'가 후속 단어로 접속할 때 모음 음절이 선행단어 말미음절 모음보다도 좁은 음인 경우이므로 법칙에 따라 탈락했다고 간주된다고 보는 반면에, (11)은 'モフ' 'ウ(ヱ)'가 접속한 것으로 간주하는 것은 현상을 적당히 기술한 것에 지나지 않아 검토의 여지가 있다고 생각한다. 이 책에서는 'オモフ・モフ' 'ウウ(ヱ)・ウ(ヱ)'의 관계에 대해 제3장 및 제4장에서 구체적으로 검토하기로 한다.

그 밖에 하시모토(1942)에서는 왜 선행단어 말미음절의 모음 탈락이 원칙인지에 대해 설명이 이루어져 있지 않다.

(12) a. トイフ(と言) > チフ・トフ
toifu tifu tofu

b. ワガイヘ(吾が家) > ワギヘ・ワガヘ
wagaife wagife wagafe

또한, (12)와 같이 연접하는 양 모음의 넓고 좁음에 관계없이 선행단어 말미음절의 모음이 탈락한 예와 후속단어의 어두모음 음절이 탈락한 예의 두 형태가 동시에 나타나는 예들에 대해서도 언급이 없다. 'オモフ' 'ウウ'처럼 단어에 따라서는 항상 연접모음의 뒤 모음밖에 탈락하지 않는 현상과 더불어 두 형태가 모두 나타나는 경우에 대해서도 나름대로의 부연 설명이 필요하다고 본다. 양적으로 말미음절 모음의 탈락이 많다는 것만으로는 현상 그 자체를 충분히 설명한 것이 아닐 것이다.

1.3 다케이 무쓰오(武井睦雄, 1963)

하시모토(1942)를 지지하는 논고로서 오노 스스무(1955) 및 다케이 무쓰오(1963)을 들 수 있다. 이 중 오노(1955)는 하시모토(1948)의 견해와 완전히 일치하고 있으므로 생략하고 다케이(1963)에 대해서 검토한다.

다케오(1963)도 모음탈락을 파악하는데 있어 하시모토(1948)의 견해를 지지하고 있다. 다만 기시다(1942, 1948)와 하시모토(1948)이 일반적 음운현상으로서 모음탈락의 법칙을 찾아내려 한 것에 반해, 다케이(1963)은 모음탈락을 가정한 차훈 가나표기의 예들을 통해 모음 음절이 가지는 기능과 탈락의 법칙에 대해 고찰하려고 했다. 다케이

(1963)의 결론을 정리하면 이하와 같다.

① 활용하는 단어를 나타내는 문자에 이어지는 경우에는 그 활용어미를 명확하게 나타내는 역할을 하고 있다.

天霧藍 : アマギル[ラ](天霧)＋アフ(藍) > アマギラフ
amagiru(ra) afu amagirafu

嘆会 : ナゲク[カ](嘆)＋アヒ(会) > ナゲカヒ
nageku(ka) afi nagkafi

② 바로 앞 문자 마지막 음절의 모음과 같은 모음인 경우에는 그 음을 이른바 이중으로 표기함으로써 《독해법》을 확실하게 표시한다.

味狭藍 : アジ(味)＋サ(狭)＋アヰ(藍) > アジサヰ
aji ca awi ajicawi

益卜雄 : マス(益)＋ウラ(卜)＋ヲ(雄) > マスラヲ
macu ura wo macurawo

③ 바로 앞 문자 마지막 음절의 모음과 다른 모음인 경우는 비교적 소수이며 [i]가 탈락하는 것에 한정된다.

朝入 : アサ(朝)＋イリ(入) > アサリ
aca iri acari

得飼飯 : ウ(得)＋ケ(飼)＋イヒ(飯) > ウケヒ
u ke ifi ukefi

①에 의하면 그 모음 음절에는 보통 일반적인 표기인 경우와 마찬가지로 기능 부하(機能負荷)가 이루어져 있다고 해석되며 ②③과 같은 표기 방법은 그 당시의 모음탈락의 일반적 경향(구체적으로는 하시모토(1948)의 법칙)과 일치하는 것으로 해석할 수 있다고 한다.

모음음절의 탈락을 예상한 자훈차용 가나 표기가 한자의 《독해법》을 명확히 하는 기능을 하고 있다는 사실은 인정되지만 ②③과 같은 표기 방법이 일반적인 모음탈락의 법칙에 따른 결과라고 보는 것에는 문제가 있다. 기시다 씨의 논고를 검토할 때에도 언급했지만 이는 표기 방안의 일종으로 일반적 음운현상에서 보이는 법칙과는 다른 방법을 사용하는 경우도 있었을 것이라 생각한다. 다음에서 다룰 쓰루 히사시(鶴久, 1968)가 지적하듯이 자훈차용 가나 용법의 법칙에 따른 결과였다고 하는 해석이 이치에 맞을 것으로 본다.

1.4 모리야마 다카시(森山隆, 1957·1971)·쓰루 히사시(鶴久, 1968)

1.4.1 모리야마(1957)는 전접하는 말미음절의 모음 탈락을 무조건으로 보는 하시모토(1942)의 견해를 지지하면서도 모음탈락 현상 전체를 연모음(hiatus) 회피로 파악하는 종래의 해석에 의문을 나타내고 있다. 즉, 후속단어의 어두모음 음절 탈락에 대해서 하시모토(1942)가 '모음의 광협'을 기준으로 삼아 설명하고 있는 점에 대해 모리야마(1957)는 음운현상 이외의 문제로 파악하고 있다.

> 모음축약의 단서 조항에 해당되는 것으로 파악된 어두모음 음절의 탈락 현상(예를 들어 'カタオモヒ(kataomofi, 片思) ＞ カタモヒ(katamofi)' 'ハナレイソ(fanareico, 離磯) ＞ ハナレソ(fanareco)' 등 : 필자 주)은 대다수의 예들이 결코 단순히 전항 말미의 광모음의 영향에 의해 발생한 형태라고 결론 내리기에는 상당히 복잡한 양상을 띠고 있다는 점, 그것은 오히려 단어 자체의 성립과정과 구조에 더 기인하고 있다고 생각되는 바가 있다는 점, 그것은 전항의 말미모음 탈락에 의해 발생한 축약형이 하나의 융합형으로 새롭게 비 분할형을 형성하고 있는 것에 반해, 같은 음의 연쇄 형식이라도 어두모음의 탈락형을 포함하는 복합어는 어디까지나 두 단어의 성격을 지니고 있다는 단어구조의 특색이 무시되어서는 안 될 것이다.
> 母音縮約のただし書きに該当すると把握された頭母音音節の脱落現象はその多くの例が決して単に前項末尾の広母音の影響によって生じた形と結論されるにはかなり複雑な様相を呈してゐること、それはむしろ語自身の成立過程と構造に多く原因してゐると

> 思はれる節があること、そのことは前項末尾母音の脱落によつて生じた縮約形が、一熟合形として新しく非分割形を形造るのに対して、同じ音連鎖形式であつても、頭母音の脱落形を含む複合語はあくまでニ語的性格を持つてゐるといふ語構造の特色が無視されてはなるまい。 [p46]

아울러 모리야마(1957)를 수정・보완한 모리야마(1971)에서는 다음과 같이 서술하고 있다.

> 모음 음절의 축약 또는 탈락현상이라 칭하는 것은 실은 모든 모음 음절의 연접에 보편적으로 발생하는 음운현상이 아니라 어떠한 한정된 단어의 복합어화 과정에서 발생하는 특수한 현상이라는 것을 추측할 수 있을 것이다.
>
> 母音音節の縮約、ないしは脱落現象と称するものは、母音音節の連接に普遍的に生起する音節現象ではなく、ある、限られた語の複合語化の過程において生起する特殊な現象であることが推測できよう。 [p252]

예를 들면

(13) a. アラ+イソ > アリソ(荒磯)
ara ico arico

b. ハナレ+ソ > ハナレソ(離磯)
fanare co fanareco

(14) a. ワガ+イヘ(吾家) > ワギヘ(吾家)
waga ife wagife

b. ワガ + ヘ > ワガヘ(吾家)
waga fe wagafe

(13)b의 'ソ(co)', (14)b의 'ヘ(fe)'는 'イソ(ico, 磯)' 'イヘ(ife, 家)'의 어두모음 음절이 탈락한 형태가 아니라고 보고 있다. 오히려 'イソ' 'イヘ'가 'イ(i)+ソ(co)' 'イ(i)+ヘ(fe)'의 복합에 의한 것이며 'ソ(co)' 'ヘ(fe)'는 'イソ(ico, 磯)' 'イヘ(ife, 家)'이며, 복합・고정되기 이전의 원조형(元祖形) 'ソ(co)' 'ヘ(fe)'일 것으로 추정하고 있는 것이다. 따라서 (13)a의 'アリソ(arico, 荒磯)'나 (14)a의 'ワギヘ(wagife, 吾家)'는 'アラ(ara)+イソ(ico)' 'ワガ(waga)+イヘ(ife)'의 모음탈락에 의한 어형으로 본다. 그에 반해, (13)b 'ハナレソ(fanareco, 離磯)'나 (14)b 'ワガヘ(wagafe, 吾家)'는 애당초부터 'ハナレ(fanare)+ソ(co)' 'ワガ(waga)+ヘ(fe)'이지 'ハナレイソ(fanareico)・ワガイヘ(wagaife)'의 모음 탈락형이 아니라고 보고 있는 것이다. 'イソ(ico, 磯)・イヘ(ife, 家)'처럼 단어발생 당시의 두 단어의 결합형일 가능성을 가지는 단어로는 이 외에도 'イモ(imo, 妹)・イシ(ici, 石)・ウヘ(ife, 上)・ウマ(uma, 馬)・ウミ(umi, 海)・イフ(ifu, 言)・オモフ(omofu, 思)・イヅ(idu, 出)・ウウ(uu, 飢)'를 들고 있다.

이상으로 모리야마(1957, 1971)의 견해를 요약하면 다음의 두 가지로 좁혀진다.

> ① 선행요소에서의 말미음절의 모음 탈락{모리야마(1957) 용어로는 모음 음절의 '축약'}은 하나의 복합어로서의 긴밀감을 보장하는 것이다.
> ② 후행요소에 있어서의 모음음절의 '탈락'은 2단위 이상의 구성성분으로 이루어지는 단어에서 의미의 중핵을 담당하지 않는 부분의 탈락이다.

1.4.2 쓰루(1968) 역시 모리야마(1957, 1971)의 입장을 계승하는 논고이다. 쓰루(1968)은 기존의 모음탈락에 관한 해석・설명에는 납득할

수 없는 점이 있다고 지적한다. 즉,

> 모음탈락의 원칙대로 모음의 광협에 상관없이 상위어의 어미모음이 탈락하는 어형이 사례도 많고 하위어의 어두모음 음절이 탈락하는 어형은 빈도수도 적어 어두모음 음절을 가지는 어휘 전체에서 보면 미미한 것이며 그것도 한정된 어휘에 일어나는 현상이다.
> 母音脱落の原則通り母音の広狭にかかわりなく、上位語の語尾母音が落ちる語形が事例も多く、下位語の頭母音音節が落ちる語形は頻度数も少なく、頭母音音節を有する語彙全体からすれば微々たるもので、それも限られた語彙に起る現象である。 [p28]

라고 하며, 이는 고어의 잔영(殘映)일 가능성이 있다고 지적했다. 특히 (15)와 같은 '조사를 포함하는 형식'의 사례를 한 단어라는 의식이 강한 경우에 일어나는 모음탈락 현상의 사례로 보아서는 안 된다고 지적했다.

(15) a. 並にし母波[思]ば
naminicimofaba

b. 膝の倍[上]
fijanofe

c. 如何に輔[言]・秋津島と布[言]
ikanifu akitusimatofu

더불어 자훈차용 가나와 모음탈락 현상의 관계에 대해서 검토한 후에 다음 두 가지 사항을 주장했다.

① 자훈 차용 가나의 어두모음 음절이 외형으로 나타나는 것은 어두에 사용된 경우 이외에는 전무한데도 불구하고 '石' '磯'가 어두 음절 'シ(ci)'

의 표기에 사용된 것은 '石(シ)' '磯(シ)'라는 단어 형태가 예로부터 존재하고 있었음을 나타낸다.

② 자훈차용 가나에서의 어두 모음음절의 탈락형은 모음탈락형과는 따로 떼어서 생각해야 한다.

이 중 ②에 대해서 쓰루(1968)는 자훈차용 가나 용법의 하나로 어두 모음음절의 탈락이 존재한다고 지적한다. 다시 말해서, 자훈차용 가나를 사용할 때

(16) a. 君にあら名国(なくに)
kiminiaranakuni

b. 嘆き鶴鴨(つるかも)
nagekiturukamo

(16)과 같이 표기되는 부분의 음절과 일치하는 훈을 갖는 자훈차용 가나를 사용하는 것이 가장 적합하지만 다음과 같은 경우가 상대 일본인에게 저항감이 적은 표기법이었다고 보고 있다.

(17) a. 神(かむ)長柄(ながら)
kamunagara

b. 誰(だれ)か住(す)舞(まは)無(む)
darekacumafamu

(18) a. 味(あじ)澤合(さはふ)　散(さ)丹(に)頬相(つらふ)
ajicafafu　caniturafu

b. 千(ち)磐(は)破(やぶる)
tifayaburu

(19) a. 心に咽飯(むせひ)
kokoroni<u>mucefi</u>

b. 年魚市(あゆち)潟
<u>ayuti</u>gata

즉, (17)의 'ナガ(naga, 長)+ガラ(gara, 柄)' 'スマ(cuma, 住)+マフ(mafu, 舞)'와 같이, '자훈차용 가나의 어두음절이 다음절 단어의 전반부분이나 동사의 어간을 표기한 훈 가나의 어미음절과 동일한 경우'이거나 (18)의 'サハ(cafa, 澤)+アフ(afu, 合)' 'ツラ(tura, 頬)+アフ(afu, 相)' 'チ(ti, 千)+イハ(ifa, 磐)'처럼 '선행단어의 말미모음과 동일한 어두모음 음절을 가진 자훈차용 가나인 경우가 어두음절・어두 모음음절을 생략한 형태로 표기를 하는 것에 상대일본인들은 가장 저항을 느끼지 않았던 것으로 추측'하고 있는 것이다.

또한 (19)의 'ムセ(muce, 咽)+イヒ(ifi, 飯)' 'アユ(ayu, 鮎)+イチ(iti, 市)'와 같이, '비록 연접하는 모음이 달라도 음절을 달리 하는 것보다 모음을 달리 하는 쪽이 표기하는 입장으로서는 훨씬 저항이 적었을 것이고 전달도 용이하게 이루어졌을 것'으로 해석하고 있다[8].

따라서 자훈차용 가나에서의 어두 모음음절의 탈락형도 자훈차용 가나 용법의 법칙에 따르는 것이지 모음탈락의 사례가 아니라고 보는 것이다. 종래에 모음탈락 예와 동일한 원리로 설명되어 온 자훈차용 가나에서의 어두 모음음절의 탈락형을 모음탈락의 사례로 들어서는 안 된다고 주장한 쓰루(1968)의 견해에 주목할 필요가 있다.

1.4.3 모리야마(1957, 1971)・쓰루(1968)가 모음탈락 현상에 대해

8 쓰루(鶴, 1968), p35. 한편, 쓰루(鶴, 1968)은 자훈차용 가나를 '차훈 가나(借訓仮名)'라는 용어로 쓰고 있다.

'모음의 광협'으로 파악하는 기존의 자세가 지나치게 기계적이고 평면적이라고 비판하며 한 단어화 과정에서의 특수한 현상으로 파악한 점은 평가할만한 부분이다.

그러나 모리야마(1957, 1971)·쓰루(1968)의 해석은 야마구치 요시노리(山口佳紀, 1971)에서 지적하고 있는 것처럼 선행단어의 말미음절의 모음 탈락은 무조건이지만 후속단어의 어두 모음음절의 탈락은 지극히 일어나기 어렵다고 하는 선입관에 의해 억지로 끼워 맞춘 듯한 느낌이 있다.

또 어두 모음음절의 탈락을 옛 시대의 잔영으로 보는 견해에는 다소 문제가 있다. 즉, 모리야마(1957)이나 쓰루(1968)은 'と言ふ'를 예로 들며 'トフ(tofu)'와 'チフ(tifu)'를 시대적인 차이로 설명하고 있다. 이 중 'トフ(tofu)'는 'イ(i)·フ(fu, 言)'이었던 시대에 'ト(to)+フ(fu)'로 결합된 것이고, 'チフ(tifu)'는 'イ(i)·フ(fu)'가 한 단어화된 이후에 'ト(to)+イフ(ifu)'로 결합한 것이었다고 해석하고 있다. 그렇다면

① '離磯'의 경우 'ハナレソ(fanareco)'가 중앙어(中央語) 자료에, 'ハナリソ(fanarico)'가 고어를 많이 남기고 있다고 일컬어지는 지방방언(아즈마노구니의 말(東国語)에 나타나는 점.

波奈禮蘇(ハナレソ)に 立てるむろの木 うたがたも
fanareconi

久しき時を　過ぎにけるかも　(万15-3600)

畳薦(たたみけめ) 牟良自(むらじ)が磯の 波奈利蘇(ハナリソ)の
fanaricono

母を離れて 行くが悲しき　(万20-4388)

② '～磯' '～海'등의 경우 'ハナリソ(fanarico)·ハナレソ(fanareco)' 'オシヌミ(ocinumi, 忍海)·アフミノミ(afunomi, 淡海の海)'와 같이 양쪽 형태가 다 나타나는 것에 반해 '～思' '～出'의 경우는 항상 어

두 모음음절이 탈락하고 있다는 점.

에 대해서 어떠한 설명이 필요하다. ①과 ②에서의 'ソ(co)' 'モフ(mofu)' 'ヅ(du)'가 당시 아직 하나의 단어로서 인정되고 있었다고 봐야 할지, 모리야마(1957)이나 쓰루(1968)의 설명으로는 납득이 가지 않는 부분이다.

아울러 어두 모음음절이 탈락하는 예들의 대부분은 '단어+조사+모음음절로 시작하는 단어'라는 단어 조합으로 이루어져 있는데 이와 같은 단어 조합을 가지는 경우에 한해서 고어가 나타나기 쉽다고 하는 필연성은 없다고 본다.

참고로 조사를 포함하지 않는 형식에서 후속단어의 어두 모음음절이 탈락한 예들을 보면 항상 어두 모음음절이 탈락하고 있는 '~思' '~出'의 경우를 제외하면 'ミマ(mima, 御馬)' 'コム(komu, 子産)'와 같이 선행단어가 일 음절 단어인 경우와, 상대 문헌에서 탈락형과 비탈락형 양쪽이 존재하는 'サザレシ(cajareci, 細石)', 선행단어의 말미음절의 모음이 탈락한 형태를 함께 보이는 'ハナレソ(fanareco, 離礒)' 정도다.

따라서 왜 '단어+조사+모음음절로 시작하는 단어'라는 단어 조합을 지닌 형식에서 어두 모음음절이 탈락하는 경우가 많은지, 반대로, 왜 조사를 포함하지 않는 형식인 경우에는 선행단어의 말미음절의 모음이 탈락하기 쉬운지에 대해 검토할 필요가 있다. 이 점에 대해서는 제4장에서 자세히 기술하기로 한다.

1.5 오쿠무라 미쓰오(奥村三雄, 1958)

오쿠무라(1958)은 모음탈락 현상을 파악하는데 있어서 기본적으로 기시다(1942, 1948)의 영향을 받아 있다. 그러나 모음탈락의 법칙을 세우는 것보다도 어두 모음음절의 탈락에 악센트가 관여하고 있다는 점에 중점을 두고 고찰하고 있다.

> 고대어[9]에서 어두모음 중 イ(i) 모음이 가장 탈락하기 쉬웠다는 점은 긴다이치 박사[10], 기시다 다케오씨 등이 설명하는 바와 같은데 그것도 특히 낮은 음인 경우에 현저했다. 적어도 악센트 핵(核)을 가지는 イ 모음은 탈락하지 않았다고 생각된다.
> 古代語において、語頭母音の中、イ母音が最も脱落し易かった事は、金田一博士、岸田武夫氏らの説かれた如くであるが、それも、特に低い音の場合に著しかった。少なくとも、ア核を有するイ母音は脱落しなかったと考えられるのである。 [p8]

그 예로써

何処 イヅコ(平上上，高3) → ドコ
何方 イヅチ(平上平，方下50) → ドッチ
何 イヅレ(平上上，高4) → ドレ
未 イマダ(平平上，佛下本113) → マダ
今 イマ(平上，高91) → マウ(부사 'もう')
間投助詞 イザ(「未来」平上，高81)
→ イサ(「不知」平上，僧中33) → サア
出 イヅ(平上，法上122) イデマス(平上上平，法下42) → デル
出 イダス(平平上，僧下83) → ダス

---

9 오쿠무라(1958)에서의 '고대어'란 본서와 마찬가지로 상대 및 중고 일본어를 가리키고 있다.
10 긴다이치 교스케(金田一京助, 1932)『国語音韻論』pp.91-93.

寝　イヌ(平平，法下46) → ネル

祈　イノル(平平上，法下3) → ノル

家　イヘ(平平，法下52) → ヘ

등을 들고 있다. 또 '어두모음 탈락의 예를 조금 더 넓게 찾아보면 다음과 같은 현상이 인지되는데 그것들도 역시 낮은 음인 경우가 많은 듯하'다고 지적하며 아래와 같은 예들을 제시하고 있다[11].

思　オモフ(平平上，法中71) → モフ

面　オモ(平平，法上100) → モ

居・来　オハス~オハシタリ(平上平平上，僧下81) → ウス

奪　ウバフ(平平上，僧上3) → バフ

戯　アザル(平平，佛中114) → ザル

예외로는 ○荊 ウバラ(上上平, 佛上14)→バラ　○抱　ウダク(上上平, 佛下本40)→ダク 등을 들 수 있으나 그다지 많지 않으며 또한 荊 イバラ는 현대 교토어(京都語)에서 イバ(高)ラ型이라는 지적도 함께 제시하고 있다.

위와 같이 어두 모음음절이 탈락하는 경우, 탈락하는 어두 모음음절의 악센트가 낮다고 하는 공통점이 보이는 점을 지적하고 있는 것이다. 오쿠무라(1958)의 견해는 모음탈락을 악센트 면에서 접근하였다는 점에서 평가할만하나 두 가지 문제점을 지적할 수 있다.

하나는 'イヅコ(iduko)＞ドコ(doko)' 'イマダ(imada)＞マダ(mada)'와 같은 어두 모음음절의 탈락과 'ワガイヘ(wagaife)＞ワガヘ(wagafe)'

11　오쿠무라(奥村, 1958) pp.8-9.

'アレオモフ(areomofu)＞アレモフ(aremofu)'와 같은 접합 면에서 발생하는 탈락을 동일시하고 있는 점이다. 모음 탈락이라는 공통점만으로 양자를 동일시하는 데에는 문제가 있다. 또 하나는 복합어의 접합 부분에서 탈락이 일어나는 경우에 뒤에 접속하는 단어의 어두음절의 악센트에만 주목하고 있다는 점이다. 예를 들어 'イハ(ifa, 磐)' 'イソ(ico, 磯)' 등은

(20) a. イハ[ifa] ●○(磐：観名・法中3ウ7)
b. イソ[ico] ●●(磯：古今・顕天片1094)
[○는 저평조(低平調), ●는 고평조(高平調)]

와 같이 어두음절이 고평조로 추정됨에도 불구하고 'トコハ(tokoifa, 常磐)' 'ハナレソ(fanareco, 離磯)'와 같이 그 어두음절의 모음이 탈락하는 경우가 있다. 오쿠무라(1958)의 해석에서 보면 이들 단어들은 예외가 되는데, 선행 단어('トコ(toko, 常)' 'ハナル(fanaru, 離)')의 악센트를 고려할 필요가 있을 것으로 보인다. 복합어의 접합면에서의 악센트 높이와 모음탈락과의 관계에 대해서는 제5장에서 구체적으로 검토하기로 한다.

1.6 사쿠라이 시게하루(桜井茂治, 1968)

사쿠라이(1968)은 상대 일본어의 음절구조를 음절소(音節素, syllabeme)적인 것으로 보고 있다. 즉, 기시다・하시모토 두 사람에 의해 모음 탈락으로 파악된 사례, 예를 들면 'アライソ(araico, 荒磯)＞アリソ(arico)' 'トイフ(toifu, と言ふ)＞トフ(toifu)・チフ(tifu)' 등은 모음탈락의 용례가 아니라 표기상의 문제라고 파악한다. 그는 다음과 같이 설명하고 있다.

형태소의 결합에 의해 모음이 연속한 결과, 이것이 하나의 음절소(syllabeme)로 파악할 수 있을 것 같은 애매한 음성이 되어 버린 결과, 그것에 문자를 맞추는 경우 결과적으로는 두 개의 모음 중 한 쪽밖에 표면에 나오지 않는 표기'가 되어 버렸다(뒷부분 생략).
形態素の結合によって、母音が連続する結果、これが一つの音節素(シラビーム)でとらえることのできるような、あいまいな音声になってしまった結果、それに文字を宛てる場合、結果的には、二つの母音のうち一方しか表面に出て来ない表記になってしまった（後略） [p36]

그리고 모음(또는 모음음절)이 탈락한 것처럼 보이는 예들도 '사실은 완전히 모음이 탈락한 것이 아니라 음성으로서는 상당히 변화하여 애매하게 된 형태로 실러블(syllable)의 일부를 구성하고 있으며, 그것이 하나의 가나로 파악되고 있다는 점이 명확해지는 것으로 해석하고 있다. 예를 들면 (21)b의 '伎(gi)'와 (22)b의 '我(ga)'는 마찬가지로 '我伊(gai)'라는 음을 표기하고 있는 것이다.

(21) a. 和我伊母古我（ワガイモコガ） [吾が妹子が]
wagaimokoga

b. 和伎毛古我（ワギモコガ） [吾妹子が]
wag(a)imokoga

(22) a. 伊毛我伊敝尓（イもガイヘニ） [妹が家に]
imogaifeni

b. 伊母我陛迩（イモガヘニ） [妹が家に]
imoga(i)feni

그러나 일찍이 일본어의 음절이 실러빔 구조였다고 보는 사쿠라이

(1968)의 가설은 기다 아키요시(木田章義, 1988)에 의해 다음과 같이 반론을 당한다.

① '애매한 음성'에 하나의 문자를 맞춤으로써 표면 상 탈락이 일어난 것처럼 보일뿐이라는 해석이라면 표기상의 불안정성은 일본어의 성격이 모라(mora) 구조로 변화할 때까지 계속되어야만 하는데 헤이안 시대(平安 時代, 본서에서의 중고시대) 이후에는 그러한 불안정성은 볼 수 없다.

② 단어의 접합부에 나타나는 각종 모음은 그 문자가 나타내는 음가와는 별개의 음을 나타내고 있었다는 것이 되는데, 그렇다면 만요가나(万葉仮名)는 일정의 음가에 대응하지 않는 것이 되어 버려서 상대 일본어의 음운체계의 재구(再構) 자체가 어려워진다.

③ 상대 일본어가 실러빔 구조 언어였다고 보는 근거 중의 하나로 만요슈(万葉集)에서의 '자수초과(지아마리, 字余り)' 현상을 들고 있는데, 단가(短歌)에서의 자수초과 구(句)는 제1・3 ・5구에 편중된다. 이것은 일본어의 일반적인 성격과 직접 결부시키기 어려우며, 만요슈의 자수초과는 노래의 리듬・낭독의 문제다.

이상과 같은 이유로 기다(1988)은 모음탈락과 자수초과 현상들이 실러빔 구조의 증거가 되지 않는다는 점을 밝혔다. 본서 역시 기다의 입장을 지지하는 것으로 모음탈락 현상을 단순히 상대 일본어가 실러빔 구조를 가지는 언어이기 때문에 발생한 표기상의 문제로 파악하는 것은 받아들이기 어려운 견해라고 생각한다.

1.7 야마구치 요시노리(山口佳紀, 1971)

야마구치(1971)은 모음탈락에 관한 종래의 설을 정리, 검토한 다음, 기시다(1942, 1948)에서 주장된 '모음의 향도(광협)'이라는 측면에서 모음탈락의 용례를 재검토하고 있다. 야마구치(1971)의 견해를 정리하면 다음과 같다.

① 모음탈락이 발생하는 것은 연모음의 회피를 위해서다.

모음이 연접하는 경우에 V_2(선행단어 말미음절의 모음) 또는 V_3(후속단어 어두 모음음절) 중 어느 하나가 탈락을 일으키기 쉽다는 것은 고대 일본어가 CV 구조를 기본으로 하고 있었고, 그 때문에 모음의 연접을 꺼렸다고 하는 일반적인 경향에서 왔다고 보는 견해는 용인해도 좋을 것이다.

母音の連接する場合にV_2またはV_3のいずれかが、脱落を起こしやすいということは、古代日本語がCV構造を基本としており、ために母音の連接を嫌ったという、一般的傾向から来ていることは、容認してよいであろう。 [p14]

② 모음탈락의 법칙은 다음의 5개 항목으로 정리할 수 있다. …$CV_1CV_2+V_3CV_4$…라는 음절구조에서

(A) V_2가 V_3보다 크면 V_3가 탈락할 가능성을 갖는다.

フナイデ(船出) > フナデ
funaide funade

(B) V_3가 V_2보다 크면 V_2가 탈락할 가능성을 갖는다.

ニアル > ナル
niaru naru

(C) V_2가 V_3보다 커도 V_1가 V_2와 같거나 그보다 큰 경우는 V_2가 탈락할 가능성을 갖는다.

ワガイヘ(吾が家) > ワギヘ
wagaife wagife

ハラノウチ(腹の内) > ハラヌチ
faranouti faranuti

(D) V_3가 V_2보다 커도 V_4가 V_3와 같거나 그보다 큰 경우는 V_3가 탈락할 가능성을 갖는다.

アレオモフ(吾思) > アレモフ
areomofu aremofu

ミウマ(御馬) > ミマ
miuma mima

(E) V_2와 V_3가 같은 모음인 경우는 그것이 하나가 될 가능성을 갖는다.

アサアケ(朝明) > アサケ
acaake acake

③ 기시다(1942)의 '향도'라는 개념을 도입함으로써 현상 전체를 하나의 원리로 설명할 수 있다.

복합에 의해 모음연접이 발생한 경우, 연접한 모음의 한 쪽에 대해 그 앞뒤에 이와 같거나 그보다 향도가 큰 모음을 포함하는 음절이 존재했을 때 그 모음은 탈락할 가능성이 있다.
語の複合によって、母音連接が生じた場合、連接した母音の一方について、その前後に、これと同じかそれより響度の大きい母音を含む音節が存在した時、その母音は、脱落する可能性がある。 [p15]

④ 모음탈락이 발생하는 것은 다음과 같은 이유에 근거한다.

연속하는 음의 형태가 하나의 뜻을 담당하는데 있어 무엇보다 중요한 부분은 향도가 높은 부분이다. 즉, 향도가 높은 부분이란 일반적으로 음 인상이 강한 부분이다. 이것은 향도가 높은 부분이란 어떤 단어가 바로 그 단어라는 것을 인지시키는데 보다 큰 단서가 되어야 할 부분이라는 것이다.
탈락이 가능하다는 것은 탈락해도 여전히 그 어형을 표시할 수 있다는 것이며, 어형 표시력(語形 表示力)이 상대적으로 약한 쪽이 탈락하는

> 것은 극히 자연스러울 것이다.
> 一つづきの音形が、一つの意味を担うにあたって、より重要な部分は響度の高い部分であるということは、認めてよかろう。すなわち、響度の高い部分とは、一般的に言って、音印象の強い部分である。ということは、響度の高い部分とは、ある語がほかならぬその語であるということを認知させるについて、より大きな手掛かりとなるべき部分である、ということになる。
> 脱落し得るということは、脱落しても、なお、その語形が表示できるということであり、語形表示力とでもいうべきものの、相対的に弱い方が脱落するのは、全く自然であろう。[p15]

그러나 야마구치(1971)의 견해에는 다음과 같은 문제점이 있다. 첫째, ‘トイフ(toifu, と言)＞チフ’ ‘オシノウミ(ocinoumi, 忍の海)＞オシヌミ’ 등, 향도라는 개념으로 설명할 수 없는 예들에 대해서는 모음탈락의 용례가 아니라 모음융합이 일어난 것으로 간주하고자 하는 점이다.

(23) a. トイフ(と言) ＞ チフ
töifu＞ tïfu ＞ tifu

b. オシノウミ(忍の海) ＞ オシヌミ
öcinöummi ＞ öcinümi ＞ öcinumi

야마구치(1971)은 모음융합이 모음탈락보다 한 층 더 오래된 단계에서 이루어진 음운현상이라고 파악하고 있다. 그러나 모리야마(1957)에도 지적이 있는 것처럼 (23)a ‘トイフ(toifu, と言ふ)＞チフ(tifu)’의 경우, ‘チフ(tifu)’보다도 ‘トフ(tofu)’ 쪽이 오래된 형태라는 것이 확인된다. 즉, ‘トフ(tofu)’는 기키카요(記紀歌謡) 및 고어가 많이 남아 있다고

일컬어지는 아즈마노우타(東歌)에 주로 보인다.

(24) a. …斯くの如く　名に負はむと　そらみつ

大和の国を　蜻蛉島登布 (記歌97)
akiducimatofu

b. 富士の嶺の　いや遠長き　山路をも

妹がり登倍ば　日に及ばず来ぬ (万14-3356)
imogaritofeba

c. 旅等幣ど　真旅になりぬ　家の妹が
tabitofedo

着せし衣に　垢着きにかり (万20-4388)

그에 비해 'チフ(tifu)'는 기키카요와 아즈마우타 · 사키모리노우타(防人歌)에는 한 용례도 나타나지 않는다. 또한 (23)b의 'オシノウミ(ocinoumi, 忍の海)＞オシヌミ(ocinomi)'의 경우, [ö+u＞ü]라는 중간 과정을 두어야만 하고, 더불어 [ü]라는 존재의 가설을 인정하지 않으면 성립하지 않게 된다.[12] 이와 같이 모음탈락을 '모음의 향도(광협)'이라는 원리로 통일적으로 파악하려고 한 나머지, 예외에 대해 무리한 설명을 하고 있다는 느낌이 있다.

둘째, 나중에 야나기다 세이지(柳田征司, 1984)에 의해서도 비판을 받게 되지만 '어형 표시력(語形 表示力)'이라는 점에서 본다면 향도가 높은 쪽이 어형 표시력의 높은 부분이라는 설명은 납득이 가지 않는 바다.

12 야마구치(1971)는 후쿠다 요시스케(福田良輔, 1964)「古代日本語における語構成と音節結合について」『国語と国文学』(東京大学 国語国文学会37-3)등에서의 'ウ의 을류(乙類)'의 존재를 인정하는 설을 도입하여 [ü]의 존재 가설이 인정된다면 [u+ö＞o]에 대응하는 것으로써 [ö+u ＞ ü]라는 모음전성을 상상할 수 있을 것으로 보고 있다.

이 외에도 야마구치(1971)은 기시다(1942, 1948)의 설을 받아들이고 있기 때문에 문제점 역시 이어받고 있는 형태이다. 예를 들면 모음탈락 현상과 동일한 원리로 자훈 차용 가나 표기가 이루어졌다고 하는 전제 하에 자훈 차용 가나 용례를 고찰 대상에 포함시키고 있는 점, 탈락을 일으키지 않은 사례를 고려하지 않은 채 탈락의 이유를 연모음의 회피에서 구하고자 하는 점 등을 지적할 수 있다.

1.8 고마쓰 히데오(小松英雄, 1975･1977)

고마쓰(1975)는 연모음이 회피되지 않는 경우의 적극적인 의미를 중시하고 있다는 점에서 기존의 견해와는 다르다. 고마쓰(1975)는 모음탈락에 대해 다음과 같이 서술하고 있다.

> 상대 일본어가 단음절성 monosyllabism 이었다고까지는 규정해서는 안 되지만 수많은 단음절어를 포함하는 짧은 단어를 중심으로 그것이 구성되고 있었다는 점은 사실이다. 그들을 가지고 문맥이 구성되면 그 속에 결합이 강한 연접과 그렇지 않은 연접의 차이가 저절로 나타난다. 그리고 ua#ga#ife＞uagafe 와 같은 모음의 탈락과, naga#iki＞nagëki 와 같은 모음의 융합은 전자의 경우에 일어나고 있는 것이다. '我が命(wagainoti)'가 uaginoti가 되지 않는 것은 '我が(waga)'와 '命(inoti)'의 사이에 경계가 의식되고 있기 때문으로 생각할 수 있다. 도쿄 방언에서 '僕ノ家(ウチ)(bokunouchi)'를 'ボクンチ(bokunchi)'라고 해도 '僕ノ牛(bokunousi)'를 'ボクンシ(bokunsi)'라고 하지 않는 것에 빗대어 보면 이 관계는 파악하기 쉬울지도 모르겠다. '妹が家(imogaife)'에 imogaife～imogafe라는 유형이 병존하는 것은 그 중간 단계를 의미하는 것이 아닐까? 언어의 실제적 운용에서 볼 때 이와 같은 차이가 나타나는 것은 지극히 자연스러운 일이다.

> 上代日本語が単音節性 monosyllabismであったまでは前提すべきでないが、多くの単音節語を含む、短い語を中心にそれが構成されていたことは事実である。あれらをもって文脈が構成されると、そのなかに、むすびつきのつよい連接とそうでない連接との差が、おのずからあらわれる。そして、ua#ga#ife＞uagafeのような母音の脱落や、uaga#iki＞uagëkiのような母音の融合は、「我が」「命」とのあいだに、「僕ノ牛」を「ボクンシ」といわないというようなことになぞらえてみれば、この関係は把握しやすいかもしれない。「妹が家」にimogaife~imogafe というゆれが見られるのは、その中間段階ということであろうか。言語の実際的運用からいって、このようなちがいがあらわれるのは、ごく自然のことである。
> [p20]

다시 말해서, 형태소 간의 결합 강도가 모음탈락에 적극적으로 관여하고 있다는 것이다. 따라서 단지 단순히 '상대어에서는 모음 연접을 기계적으로 기피했었다'는 것만으로 음운법칙을 파악해서는 그 법칙 자체가 가지는 의미를 이해한 것이 되지 않으며, 모음탈락과 모음융합과 같은 현상은 실제로는 두 형태소 간의 융합의 지표를 뜻하는 것이라고 지적하고 있다.

그러나 결합 정도라는 관점에서 설명할 수 없는 예들이 있다.

(25) a. 春さらば 阿波武等母比之(あはむともひし) 梅の花… (万5-835)
afamutomofici

b. いつしかも 見牟等於毛比師(みむとおもひし) 粟島を… (万14-3631)
mimutoomofici

(26) a. …梓弓(あづさゆみ) 壇(まゆみ)い伐らむと 許許呂波母閇杼(こころはもへど)… (記51)
kokorofamofedo

b. 大船に　真楫貫き　時待つと
和礼波於毛倍杼　月ぞ経にける　(万15-3679)
warefaomofedo

(25)(26)은 '~と(to)+思ふ(omofu)' '~は(fa)+思へど(omofedo)'라는 같은 단어 구성으로 이루어진 구가 서로 탈락형과 비탈락형으로 나뉘는 예이다. 그리고 (25)a(26)a는 융합 정도가 높다고는 생각할 수 없음에도 불구하고 탈락이 일어난 경우이다. (25)(26)에 대해서는 다른 관점에서의 검토가 필요하게 될 것이다. 이 문제에 관해서는 제3장에서 자세히 다루기로 한다.

한편 고마쓰(1977)에서는 모음탈락을 악센트와의 상관성이란 측면에서 고찰하고 있다. 모음탈락형 'モタグ(motagu)' 'カカグ(kakagu)'가 중세에 각각 'モテアグ(moteagu)' 'カキアグ(kakiagu)'로 되돌아간 것을 언급하며 다음과 같이 서술하고 있다.

> 'モタグ(motagu)' 'カカグ(kakagu)' 'ササグ(cacagu)'의 부류에서도 모음의 탈락이 발생하고 있는 것은 복합동사화 방향으로 진행하고 있었다는 무엇보다 명백한 증거다. 즉, 이와 같은 모음탈락은 연접에 동반해서 마치 기계적으로 발생한 것처럼 설명될 때가 있지만, 실제로는 두 형태소의 융합 지표로 밖에 볼 수 없는 것이다. 하지만 이미 살펴본 것처럼 그들의 악센트는 실질적으로 원래 그대로이며, 항상 분리 가능한 잠재성(potentiality)을 온존하고 있었다는 것을 알 수 있다.
> 「モタグ」「カカグ」「ササグ」のたぐいにおいても、母音の脱落が生じていることは、複合動詞化の方向に進行していた何よりの証拠である。すなわち、このような母音脱落は連接に伴ってあたかも機械的に生じるかのように説かれることがあるが、実際には両形態素の融合の指標に他ならないのである。しかし、すでに見た

とおり、それらのアクセントは実質的にもとのままであり、いつでも分離可能なpotentialityを温存していたことがわかる。 [p385]

즉, 중고 말기에서의 'モタグ(motagu)' 'カカグ(kakagu)' 및 'モテ(mote)=' 'カキ(kaki)=' '=アグ(agu)'의 악센트는 다음과 같은데,

玩 <u>モテ</u>アソブ [○●●●○：図名160-6]
擐 <u>カキ</u>コナス [○●●●○：観名・佛下本62-2]
擧 アグ [●○：観名・佛下本59-6]
擡 モタグ [○●○：観名・佛下本73-7]
去 カカグ [○●○：図名332-5]

'モダグ'와 'カカグ'는

(27) a. モテ(mote, ○●)＋アグ(agu, ●○)
> モダグ(motagu, ○●○) > モテアグ(moteagu, ○●●○)
b. カキ(kaki, ○●)＋アグ(agu, ●○)
> カカグ(kakagu, ○●○) > カキアグ(kakigagu, ○●●○)
(○는 저평조, ●는 고평조)

와 같은 경과를 거쳤다고 보이며

이들의 융합이 어느 시기에 성립했는지는 확정하기는 어렵지만 -tea-, -kia-부분이 =●●=로 이어져 있던 것이 모음탈락에 따른 축약에 의해 =●=가 되었을 뿐이므로 원래의 악센트는 실질적으로 그대로 보존되고 있었다.

これらの融合がいつの時期に成立したかは確定しがたいが、-tea-,

> -kia-の部分が＝●●＝とつづいていたものが、母音脱落による縮約に応じて＝●＝となっただけのことであるから、もとのアクセントは、実質的にそのまま保存されていた。 [p377]

고 지적한다. 고마쓰(1977)의 지적은 개별 단어의 악센트가 아니라 탈락이 일어날 수 있는 부분인 선행요소의 말미음절과 후속요소의 어두음절, 양쪽 악센트를 문제로 삼고 있다는 점에서 오쿠무라(1958)과는 다르며 주목할 필요가 있다.

다만 위와 같은 지적은 중고나 중세 문헌에서 보이는 몇몇 탈락형에 대한 언급으로, 탈락형 전체, 특히 상대에서의 탈락형에도 그와 같은 경향이 인정되는지에 대해서는 구체적으로 다루고 있지 않아 검토의 여지가 있다고 본다. 이 점에 관해서는 제5장에서 구체적으로 다루기로 한다.

1.9 야나기다 세이지(柳田征司, 1984)

야나기다(1984)는 사쿠라이(1968)과 같이 상대 일본어가 실러빔 구조를 가지는 언어였다고 파악하고 있다. 다만 사쿠라이(1968)와는 달리 모음탈락의 방법에는 일정한 법칙이 있다고 보고 있다. 야나기다(1984)는 야마구치(1971)이 세운 모음탈락의 법칙 5항에 대해 면밀히 재검토하고 보완을 하여 다음과 같은 4개의 법칙을 제시했다.

① 후부요소의 모음이 [u]이고 여기에 ワ(wa)행음・マ(ma)행음이 후속하는 경우에는 연속하는 모음의 광협에 관계없이 u 가 탈락한다. [야나기다(1984)가 말하는 선행법칙]

　　ミウマ(御馬) > ミマ
　　miuma 　　　mima

タツノウマ(龍の馬) > タツノマ
tatunouma tatunoma

イヒニウヱテ(飯に飢ゑて) > イヒニヱテ
ifiniuwete ifiniwete

ワレハヤウヱヌ(吾は飢ゑぬ) > ワレハヤヱヌ
warefayauwenu, warefayawenu

② ①의 예를 제외하면 두 개의 모음이 연속해서 모음의 탈락이 일어나는 경우에는 좁은 쪽의 모음이 탈락한다. 동일 모음이 하나가 되는 것도 이에 포함된다. [야나기다(1984)가 말하는 기본법칙]

クニウチ(国内) > クヌチ
kuniuti kunuti

フナイデ(船出) > フナデ
funaide funade

アサアケ(朝明) > アサケ
acaake acake

コギイヅ(漕出) > コギヅ
kogiidu kogidu

③ 위의 ①②임에도 불구하고 ①중 マ행음이 후속하는 [u]의 경우, [uo]가 후속하는 [u]의 경우와 ②의 경우에 있어서 넓은 쪽 모음의 직접 또는 직후에 동일 모음이 인접하는 경우에는 넓은 쪽의 모음이 탈락하는 때도 있다. [야나기다(1984)가 말하는 특정 법칙 갑(甲)]

アレオモフ(吾思) > アレモフ
areomofu aremofu

ヨコウス(横臼) > ヨクス
yokoucu yokucu

④ 단, ①②③임에도 불구하고 전부요소가 조사인 경우에는 조사 쪽 모음이 탈락할 때도 있다. [야나기다(1984)가 말하는 특정 법칙 을(乙)]

オシノウミ(忍海) > オシヌミ
ocinoumi ocinumi

ハラノウチ(腹の内) > ハラヌチ
faranouti faranuti

(용례는 야나기다(1984)에서 필자가 적절히 발췌하였음.)

야나기다(1984)는 ②의 기본법칙이 성립하는 이유에 대해 다음과 같이 설명하고 있다. 즉, 일본어의 음절 결합 방법(CV구조를 갖는 것으로 파악되어 온 결합방식)은 발음기관의 벌어지는 정도(광협)라는 시점에서 보면 [협-광]에 의해 하나의 음절이 형성되고, 그러한 [협-광]이 협-광 | 협-광 | 협-광 | …으로 결합해감으로써 완성되는 것이라 한다. 예를 들면 'フナイデ(funaide, 船出)' 'ニアル(niaru)' 등을 보면,

f u n a i d e
(28) 狭広狭広中狭広

n i a r u
(29) 狭中広狭広

(28)의 [광(a)-중(i)-협(d)]과 (29)의 [협(n)-중(i)-광(a)]이라는 발음기관의 움직임에서 중모음 i가 생략되는 것은 극히 자연스러운 변화라고 한다.

그러나 위와 같은 해석은 야마구치(山口, 1985)[13]에서 비판을 받게 된다. 야마구치(1985)는 자음을 C, 모음을 V로 표시할 경우, (28)은 /VVC/라는 음의 연속이고 (29)는 /CVV/라는 음의 연속을 문제 삼고 있다는 모순을 포함하고 있다고 지적한다. 그리고 상대 일본어가 실러빔 언어였다고 생각한다면 더더욱 /CCV/라는 음의 연속이 대상이 되어야 함에도 불구하고 왜 /VVC/라는 음의 연속이 문제가 되는지 알 수 없다고 말하고 있다.

---

13 야마구치(山口, 1985)「補論　柳田征司著『音韻脱落・転成・同化の原理』をめぐって」『古代日本語文法の成立の研究』p605.

또한 야마구치(1985)에서 지적된 사항 이외에도 야나기다(1984)에서 제시된 법칙에 대해서는 다음과 같은 3가지가 의문으로 남는다.

첫째, 반복해서 지적해왔듯이 제시된 법칙이 탈락형만을 고려한 법칙이라는 점이다. 예를 들어 ①의 선행법칙에서 [u+wV]라는 상황에서 탈락이 일어난다고 하는 것은 'ウウ(uwu, 飢)'의 어두 모음음절이 항상 탈락하고 있다는 것을 염두에 둔 법칙으로 보인다. 그러나 같은 조건을 가지는 'ウウ(uwu, 植)'의 경우는 항상 탈락하지 않는 형태로 문헌에 나타난다.

(30) a. ~ウウ(飢) : 吾はや恵ぬ (記歌14)
warefayawenu

飯に恵て (紀歌104)
ifiniwete

b. ~ウウ(植) : 人の宇宇流 (万15-3746)
fitonouwuru

小百合引き宇恵て (万18-4113)
cayurifikiuwete

같은 음 환경에 있는 단어가 둘 있을 경우, 한쪽은 탈락을 일으키고 다른 한쪽은 탈락하지 않는다고 한다면 그 법칙은 법칙이 아니라 탈락의 가능성을 뜻하는 것밖에 의미하지 않는다.

둘째, 법칙끼리의 관계가 불명하다는 점이다. 예를 들면,

(31) a. ハヤウマ(早馬)>ハユマ
fayauma fayuma

b. ミウマ(御馬)>ミマ
miuma mima

c. タツノウマ(龍の馬)>タツノマ
tatunouma tatunoma

(31)은 마찬가지로 '~・ウマ(uma, 馬)'라는 단어구성을 가진 예들인데, a의 'ミウマ(miuma, 御馬)＞ミマ(mima)'는 ①의 선행법칙에 의한 탈락형인데 반해, b의 'ハヤウマ(fayauma, 早馬)＞ハユマ(fayuma)'는 ③의 [특정법칙 갑]이, c의 'タツノウマ(tatunouma, 龍の馬)＞タツノマ(tatunoma)'는 ④의 [특별법칙을]이 강하게 작용한 변화로 보고 있다. 만일 그렇다면 ①의 선행법칙보다도 ③의 [특별법칙 갑], ④의 [특별법칙 을]이 더 우선시된다고 하는 오류를 야기하게 된다. 그러나 야나기다(1984)에는 삼자의 관계가 분명하게 서술되어 있지 않다.

셋째, 야마구치(1985)에서도 지적이 있다시피, 이론을 관철시키려 한 나머지 개개의 사례 처리에 무리를 범하고 있는 부분이 적지 않다는 점이다. 예를 들면,

(32) a. ワガイヘ(吾が家) ＞ ワギヘ・ワガヘ
wagaife wagife ・ wagafe

b. ワガオモフ(吾が思) ＞ ワガモフ
wagaomofu wagamofu

(32)a의 경우 'ワガイヘ(wagaife)'는 ③의 법칙(넓은 쪽 모음의 바로 앞이나 바로 뒤에 동일 모음이 인접할 경우에는 넓은 쪽 모음이 탈락할 때도 있다고 하는 법칙)이 적용되므로 'ワギヘ(wagife)'가 되는 것이 자연스럽다고 하고, 'ワガヘ(wagafe)'에 대해서는 '吾が辺', 즉, 'イヘ(ife, 家)'가 아니라 'ヘ(fe, 辺)'가 접속한 연어였을 가능성이 있다고 해석하고 있다. (32)b에 이르러서는 ③의 특정법칙 갑에 따라 'アゴモフ(agomofu)' 형태가 기대되지만 광모음의 중음(重音) 탈락 움직임 이상으로 후부요소의 オ(o)가 탈락하기 쉬웠기 때문이라고 설명하고 있다. 다시 말해서, 개별 단어의 성질이 법칙보다도 우선한다는 식으로 풀이하고 있는 것이다. 그렇다면 (31)b의 'アレモフ(aremofu)'도 'オ(o)'가 탈락하기 쉬웠던 성질에 의해 탈락이 이루어진 것이라고 파악해야 하

는 것이 논지의 흐름상 맞지 않을까 싶다.

이상과 같이, 야나기다(1984)에서 설정된 모음탈락의 법칙은 모순점과 문제점을 갖고 있다. 가능한 한 법칙을 많이 설정하여 모든 예들을 설명하려고 하는 것은 현상의 나열에 지나지 않는다고 생각한다. 다만, 야나기다(1984)가 ④의 법칙으로 조사(助詞)를 포함하는 형식인지 아닌지를 고려한 점은 주목할 필요가 있다고 본다. 조사 쪽 모음이 탈락하기 쉬운 이유는 조사의 어형이 변하기 쉬운 성질을 갖기 때문이라고 하는 야나기다(1984)의 생각이 타당한 것인지의 여부는 묻지 않는다 하더라도, ④의 조건에 의해 야마구치(1971)이 모음전성(母音轉成) 사례로 본 'オシノウミ(öcinöummi)＞オシヌミ(öcinümi)'등에 대해서도 모음탈락의 한 예로 간주할 수 있다.

조사의 포함 여부라는 관점에서 용례를 다시 살펴보면 '단어＋조사＋모음음절로 시작하는 단어' 형식인 경우, 조사 쪽 모음이 탈락하는 케이스보다도 후속단어의 어두 모음음절이 탈락하는 경우가 더 많다. 비록 조사 쪽 모음이 탈락하는 경우라도 (33)과 같이 모음음절이 탈락하는 경우도 함께 나타나는 일이 많다.

(33) a. [～ガ(ga)＋イヘ(ife, 家)]

ワガイヘ(吾が家) ＞ ワギヘ・ワガヘ
wagaife　wagife ・ wagafe

b. [～ガ(ga)＋イモ(imo, 妹)]

ワガイモ(吾が妹) ＞ ワギモ
wagaimo　wagimo

イヘノイモ(家の妹) ＞ イヘノモ
ifenoimo　ifenomo

c. [～ノ(no)＋ウミ(umi, 海)]

オシノウミ(忍の海) ＞ オシヌミ
ocinoumi　ocinumi

アフミノウミ(淡海の海) > アフミノミ
afuminoumi afuminomi

그에 비해 조사를 포함하지 않는 '단어+모음음절로 시작하는 단어' 형식인 경우에는 'オモフ(omofu)' 'イヅ(idu)'를 제외하면 모음음절이 탈락하는 경우는 (34)의 용례 정도이고, 대부분의 경우에서 선행단어의 말미음절 모음 쪽이 탈락하고 있다.

(34) a. コウム(子生) > コム
koumu komu

b. サザレイシ(細石) > サザレシ
cajareici cajareci

c. ハナレイソ(離磯) > ハナレソ・ハナリソ
fanareico fanareco · fanarico

이와 같이 단어 구성의 차이에 따라 탈락이 나타나는 방식이 달라질 가능성이 있다. (33)나 (34)에 보이는 사실에 좀 더 주목할 필요가 있을 것으로 생각한다.

1.10 모리 마사모리(毛利正守, 1979~1998)

모리의 일련의 연구는 종래에 따로따로 고찰되어 온 모음탈락과 모음연속 현상을 통일적으로 해석하려고 하는 시도다.

여기서 말하는 모음 연속이란, 운문, 특히 만요슈(万葉集)에서의 '자수초과(지아마리, 字余り)'의 문제로 거론되어 온 것들을 의미한다. 논지를 잠시 벗어나지만 자수초과에 대해 잠시 설명하기로 한다.

자수초과 구(句)는 5/7조의 고대 정형시에서 자수를 초과하는 구를 의미하는데, 모음음절을 포함하고 있는 구가 대부분이어서 자수초과의 법칙을 세우는 데 있어 모음의 연속이 중요한 특징 중의 하나로 지적되고 있다. 자수초과 현상에 관한 연구는 모토오리 노리나가(本居宣長, 근세)[14]에서 시작되어 후지타니 나리아키라(富士谷成章, 근세)[15]를 거쳐, 사타케 아키히로(佐竹昭広, 1943)[16]에 의해 자수초과 법칙이 세워진 후, 기노시타 마사토시(木下正俊, 1958)[17], 사쿠라이 시게하루(桜井茂治, 1971)[18], 엔도 구니모토(遠藤邦基, 1976)[19], 사토 에사쿠(佐藤栄作, 1983)[20] 등에 의해 연구가 점차 심화되어져 왔다.

모음탈락에 대한 연구의 대부분이 모음의 탈락형만을 대상으로 하고 있는 것에 반해 모리의 일련의 연구에서는 모음탈락과 모음연속 양쪽을 문제로 삼고 있는 점이 주목할 만하다. 모리는 종래의 연구에서 주장되어 왔던 '모음탈락의 조건'이라는 것은 어디까지나 '탈락할 가능성이 있다'는 것을 나타내는 것으로, 문제는 그러한 조건 하에서 어떤 경우에 탈락형이 나타나고, 또 어떤 경우에 비탈락형(모음연속)이 나타나는가에 있다고 주장했다. 모리의 견해를 정리하면 다음과 같다.

① 자수초과 구를 이루는 쪽이 '음의 끊김'이 없는 '단어 결합체'인 상태이고, 자수초과 구를 이루지 않는 쪽이 '음의 끊김'이 있는 '단어연속'인 상태다.

② 모음탈락은 '단어 결합체'의 결합도가 더욱 진전되는 단계에서 일어난다.

---

14 모토오리 노리나가(本居宣長)『字音假名用格』9丁オ, おを所属辨.

15 후지타니 미쓰에(富士谷御杖)『北辺随筆』, 反切の条에 의해 알려짐.

16 사타케 아키히로(佐竹昭広, 1943)「万葉集短歌字余考」『文学』14-4.

17 기노시타 마사토시(木下正俊, 1958)「準不足音句」『万葉』26.

18 사쿠라이 시게하루(桜井茂治, 1971)「万葉集のリズム ― 字余りと音節構造 ―」『国学院雑誌』72-9.

19 엔도 구니모토(遠藤邦基, 1976)「古代語の連母音 ― 音節構造の立場から ―」『王朝』9.

20 사토 에이사쿠(佐藤栄作, 1983)「万葉集の字余り、非字余り ― 形式面、リズム面からのアプローチ ―」『国語学』135.

③ 모음탈락 현상은 음의 끊김이 예상되는 자수초과가 아닌 상태에서는 아무리 탈락의 조건을 만족시키고 있다하더라도 탈락이라는 높은 결합을 나타내는 현상이 일어날 수 없다.

모리의 일련의 연구가 자수초과에서의 모음연속 문제를 모음탈락과 결부시켜서 고찰한 점은 높이 평가할 수 있다. 그러나 그의 해석에는 다음과 같은 문제를 포함하고 있다.

첫 번째로 기노시타 마사토시(木下正俊, 1958)과 모리(1979)에 의해 밝혀진 자수초과 구의 편중을 어떻게 해석할 것인가하는 문제다. 모리(1979)에 의하면 비탈락형은 운문 안에서 자수초과가 되는 것과 자수초과가 되지 않는 것으로 나뉘는데 『萬葉集』에 수록된 노래 중에 자수초과가 발생하기 쉬운 구는 이하의 A그룹인 경우다.

A그룹 : 단가(短歌)의 제1・3・5구, 장가(長歌)의 5음구・결구, 장가의 7음구 중 5번 째 음절 이하에 모음음절이 오는 경우
B그룹 : 단가의 2・4구, 장가의 7음구

A그룹의 경우 90% 이상이 자수초과 구인데 비해 B그룹의 경우는 반수 이상이 비 자수초과 구에 해당한다. 우연으로 취급할 수 없는 편중에 대하여 사토 에이사쿠(佐藤栄作, 1983)은 '원래 a, b 양 그룹이 존재하는 것, 즉, 각 구가 몇 음 구인지, 몇 번째 구인지에 따라 어떤 공통된 성질을 가진다는 것 자체가 단어 간의 관계를 뛰어넘고 있는 것이다'고 하며 자수초과가 단어 간의 결합도와는 관계없는 노래의 낭독 문제라는 점을 밝히고 있다.

두 번째로 ①의 해석에 대해서도 원래 '음의 끊김'이 무엇에 의해 판단되는 것인지가 명확하지 않다. 예를 들면,

(35) a. 伊射宇知由可奈[いざうち行かな] (万17-3954, 제2구)
ijautiyukana

b. 伊麻太安可奈久尓[未だ開かなくに] (万15-3707, 제5구)
imadaakanakuni

(35)a와 같이 'イザ(ija, 감동사)'와 뒤에 접속하는 단어 'ウチユク(uitiyuku, うち行く)' 사이에 완전히 끊기는 부분이 생기는 용례의 경우는 비 자수초과 구이자 단어 연속인 상태라는 해석이 성립한다. 그러나 (35)b가 자수초과를 이루고 있다고 해서 'イマダ(imada, 부사)'와 뒤에 오는 단어 'アク(aku, 開く)'가 단어 결합인 상태로 보는 것은 납득이 가지 않는다. ①의 해석의 모순은 같은 단어구성을 갖는 구가 한편으로는 자수초과 구를 이루고, 또 한편으로는 비 자수초과 구를 이루고 있는 예를 보면 확연히 드러난다.

(36) A그룹:

a. 如何尓安良む (万5-810, 제2구)
ikaniaramu

↔ 如何尓安流 (万18-4036, 제1구)
ikaniaru

b. 鳥に之安良ねば (万5-893 · 5구)
toriniciaraneba

↔ 旅に師安禮ば (万15-3677, 제5구)
tabiniciareba

(37) B그룹:

a. 隔り氏安禮こそ (万長17-3978, 7음구)
fenaritearekoco

↔ 隔り氏安禮ば (万長17-3957, 7음구)
fenariteareba

ハアレ
b. 満ちて播阿禮ども (万長5-894, 7음구)
mititefaaredomo

ハアレ
↔ 満ちて波安禮ど (万長20-4331, 7음구)
mititefaaredo

모리의 생각에 따르면 (36)은 A그룹 속에서 자수초과 구와 비 자수초과 구로 나뉘는 경우이며, (37)은 B그룹 안에서 자수초과 구와 비 자수초과 구로 나뉘는 경우다. (36)과 (37)에서 자수초과 구를 '음의 끊김'이 없는 구, 비 자수초과 구를 '음의 끊김'이 있는 구로 나눌 판단기준은 없다. 결과적으로 자수초과를 이루고 있는지의 여부가 '음의 끊김'의 판단이 된다고 하는 순환론에 빠져 있는 것을 알 수 있다.

마지막으로 모음탈락 예의 출현은 운율에 좌우되는 경우가 없다. 즉, 자수초과와 같이 홀수 구 내지는 짝수 구에서 나타나는 방식이 다르다고 하는 경우는 없으며 어떤 일정한 구에 편중해서 보이는 일은 없는 것이다. 또한 자수초과와 탈락이 밀접한 관계에 있었던 것은 확실하지만 그것은 운문 속에서의 관계로, 'ワガイモ(wagaimo, 吾が妹)＞ワギモ(wagimo)' 'アガオモフ(agaomofu, 吾が思ふ)＞アガモフ(agamofu)'와 같은 탈락형이 산문에 존재하고 있었다고는 생각할 수 없다.

이상 같은 이유로 '비 자수초과 구 = 단어 연속인 상태' '자수초과 구 = 단어 결합체인 상태' '탈락 = 단어 결합체가 더욱 진전된 상태'라는 등식으로 설명되는 모리의 견해에는 동의할 수 없는 부분이 있다. 본 연구에서는 제3장에서 모리의 견해에 대한 구체적인 문제점에 대해 지적하고 운문에서의 모음탈락 현상은 문체적 측면과 음수율의 측면에서 파악하지 않으면 안 된다는 점을 논하기로 한다.

 선행연구의 문제점에 대한 본서의 입장

지금까지 상당한 분량을 할애해서 모음탈락 현상이 종래에 어떻게 파악되어 왔는지에 대해 검토해 보았다. 각각에 시사적인 부분과 문제점이 다수 발견되었는데 선행연구의 문제점은 다음의 5가지로 정리할 수 있다.

첫째, 탈락형만을 고찰 대상으로 삼아 탈락형 속에서만 모음탈락의 이유와 법칙을 찾으려고 하는 경향이 있어왔다(기시다(岸田, 1942·1948), 하시모토(橋本, 1948), 야마구치(山口, 1971), 야나기다(柳田, 1984) 등).

둘째, 독자적으로 세운 모음탈락의 법칙이 있고 그 법칙에 반하는 용례들이 나타날 경우, 근거가 약한 가설을 세워 설명을 하려고 하는 경향이 있었다(야마구치(山口, 1971), 야나기다(柳田, 1984) 등).

셋째, 자훈차용 가나 표기의 사례를 일반적 모음탈락 현상에서 보이는 법칙의 방증(傍證) 용례로 취급하는 등, 용례의 음미가 충분히 이루어지지 않았다(기시다(岸田, 1942·1948), 야마구치(山口, 1971) 등).

넷째, 음률을 가지는 문헌(운문)에 나타나는 모음탈락 현상을 상대일본어의 일반적인 문제로 파악하려고 하는 경향이 있었다(기시다(岸田, 1942·1948), 야마구치(山口, 1971), 야나기다(柳田, 1984), 모리(毛利, 1981~1998) 등).

다섯째, 모음탈락이 고대 일본어의 언어 운용의 측면에서 어떠한 기능을 하는 현상이었는가에 대한 고찰이 충분히 이루어지지 않았다(기시다(岸田, 1942·1948), 하시모토(橋本, 1948), 야마구치(山口, 1971), 야나기다(柳田, 1984), 모리(毛利, 1981~1998) 등).

위와 같은 문제는 모음탈락이라는 현상이 탈락형과 비탈락형이라는 관계 속에서 파악되지 않았고, 문체적 측면이 중시되지 않음으로 인해 생겨난 문제들이라 할 수 있다. 선행연구 중에는 탈락형과 비탈락형과의 관계에 대해 논한 고마쓰(小松, 1975) 및 모리(毛利, 1982~1998), 모음탈락을 염두에 둔 자훈차용 가나 표기에 대해 논한 쓰루(鶴, 1968) 등, 현상을 파악하는 방식에서 주목할 만한 논고도 있어 본 연구를 전개하는데 중요한 위치를 차지하고 있다. 그러나 위와 같은 논고에서도 탈락형과 비탈락형과의 관계, 문체적 측면이 충분히 음미되어 있다고는 보기는 어렵다.

비탈락형을 고려하여 생각해 보면 (38)(39)와 같이 모음탈락이 일정한 조건이 갖춰지면 규칙적으로 발생하는 현상이 아니라는 것이 명백하게 드러난다.

(38) a. ヨコウス(yokoucu, 横臼)＞ヨクス(yokucu)

白檮の生に　余久須を作り　余久須に
yokucuwotukuri　yokucuni

醸みし大御酒…　(記48)

b. カラ(ル)ウス(kara[u]ucu, 唐碓)

可流羽須は　田盧のもとに　わが背子に
karuucufa

ふぶに咲みて　立ちてます見ゆ　(万16-3817)

(39) a. カリイホ(kariifo, 仮庵) ＞ カリホ((karifo)

たらちねの　母を別れて　まことわれ

旅の加里保に　安く寝むかも　(万20-4348)
tabinokarifoni

b. フセイホ(fuceifo, 伏庵)

…布勢伊保の　曲盧の内に
fuceifono　mageifonoutini

直土(ひたつち)に　藁解き敷きて… (万長5-892)

(38)a ‘ヨクス(yokucu, 横碓)’와 (39)a ‘カリホ(karifo, 仮庵)’의 예만을 고찰 대상으로 삼고 있어서는 (38)b ‘カラウス(karaucu, 唐碓)’와 (39)b ‘フセイホ(fuceifo, 伏庵)’가 복합에 의해 모음이 연속해 있음에도 불구하고 모음탈락이 일어나지 않은 이유를 설명할 수 없다.

또한 모음탈락을 이해하는 단서가 되는 자료가 운문에 집중해 있음에도 불구하고 운문 속에서 탈락의 용례로 되는 것이 일반어에서도 흔하게 나타나는 것인 듯 오인되어온 경향이 있었는데, 자료의 문체적인 측면에 조금 더 주의를 기울이면 모음탈락의 문제를 고대 일본어 일반의 문제로써 결부시키려고 하는 종래의 연구는 재검토되어야 한다는 것을 알 수 있다. 결론을 먼저 말하면 조사를 포함하는 형식 등, 한 단어 의식이 약한 단어결합에 보이는 모음탈락은 바로 비탈락형과의 관계와 문체적 제약 안에서 파악되어야 할 현상인 것이다. 즉, (40) ‘ノ(ウ)ヘ’와 (41) ‘ト(オ)モフ’의 예에서도 탈락하는지의 여부를 결정하는 조건 중 하나는 일정한 음수율을 가지는 정형시라고 하는 제약이다.

(40) a. 山の名と　言ひ継げとかも　佐用比売が

この**野麻能閇**(やまのへ)に　領巾(ひれ)を振りけむ (万5-872)
konoyamanofeni

b. 高圓(たかまと)の　**秋野乃宇倍**(あきののうへ)の　朝霧に
akinonoufeno

妻呼ぶ壮鹿 出で立つらむか (万20-4319)

(41) a. 春さらば　**阿波武等母比之**(あはむともひし)　梅の花
afamutomofici

今日の遊びに　あひみつるかも (万5-835)

b. いつしかも　見牟等於毛比師(みむとおもひし)　粟島を
mimutoomofici
外にや恋ひむ　行くよしも無み　(万15-3631)

이상과 같이 상대 일본어에 있어서의 모음탈락이라는 현상은 탈락형과 비탈락형과의 관계, 문체적 특징 등이 고려되어야만 비로소 전모가 밝혀질 것으로 생각된다.

제3장부터는 비탈락형에 주목하면서 동시에 문체적 특징도 고려하며 고대 일본어에서의 모음탈락현상을 다시금 파악하기로 한다. 또한 확실한 용례를 대상으로 하기 위해 용례의 수집은 다음과 같은 기준에 따른다.

① 원칙적으로 바꿔 읽을 수 없는 자음 가나(字音 仮名) 표기의 용례에 한정한다. 자훈차용 가나 표기의 예에 관해서는 제4장에서의 검토를 통해 일반적인 모음탈락 현상과는 다르다는 점을 지적한다.
② '不鳴安良奈久尓(ナカズアラナクニ)'와같은용례는대상으로하지만'武庫能浦乃(ムコノウラノ)' '布勢乃海尓(フセノウミニ)' 등의 예들은 '浦(ウラ, ura)'와 '海(ウミ, umi)'의 어두 모음 음절이 탈락했는지에 대한 판단이 곤란하기 때문에 대상 외로 한다.
③ 고유명사는 기록 당시 이미 명칭의 유래가 불명이어서 어원의 자의적 추정이 이루어져 있을 가능성이 있으므로 본 고찰의 대상에서 제외한다.

본서에 의해 일정한 음수율을 가지는 정형시라는 제약이 이들 현상을 어떻게 좌우하고 있는지, 문체적 제약에 따른 탈락과 일반 현상으로서의 탈락의 본 모습에 어떠한 차이가 보이는지, 또한 음이 탈락함으로써 어떠한 기능을 하고 있는지가 밝혀질 것으로 본다.

제3장

모음탈락과 문체적 제약
— 음수율과의 관련성 —

제3장

모음탈락과 문체적 제약

－ 음수율과의 관련성 －

들어가기

제3장에서는 상대일본어의 모음탈락을 논할 때 문체적인 측면이 고려되어야 함을 주장하고자 한다. 특히 운문에 보이는 모음탈락에 대해서는 음수율의 조정이라는 측면에서 고찰되어야 하며 운문에서 보이는 모음탈락과 산문에서의 모음탈락 현상을 동일시해서는 안 된다는 점을 지적한다.

상대일본어 문헌에 나타나는 모음탈락에 대해서는 지금까지 고찰해 온 바와 같이 그 이유를 '연모음(hiatus)의 회피'[21]에서 찾는 것이 일반적이었다. 이는 일본어의 모음음절이 원칙적으로 어두에서만 존재하였

21 기시다(岸田, 1942), 하시모토(橋本, 1942), 야마구치(山口, 1971) 등.

다는 상대 음소 배열론(phonotactics)에 근거한다. 상대 음소 배열론은 상대 일본어의 경우 단일 형태소 내에 모음의 연속을 허용하는 경우가 아주 드물었다는 사실에 근거한 것이다.

상대 일본어 중에서 모음이 연속하는 단어로 추정되는 것으로는 (1)의 'オユ(oyu, 老ゆ)' 'ウウ(uu, 植う)' 와 같은 동사의 활용형이나 (2)의 'マウク(mauku, 設く)' 'マウス(maucu, 申す)' 'カイ(kai, 櫂)' 정도에 국한된다.

(1) a. オユ(oyu, 老):

引田の若　栗栖原　若くへに

率寝てましもの　淤伊(オイ)にけるかも　(記歌93)
oinikerukamo

b. ウウ(植):

人の宇宇流(ウウル)　田は植へまさず　今更に
fitonouuru

国別れして　吾はいかにせむ　(万15-3746)

(2) a. マウク(mauku, 設):

… 渡守舟も　麻宇気(マウケ)ず　橋だにも　渡してあらば…
maukeju

(万長18-4125)

b. マウス(maucu, 申):

堀江より　水脈(みをび)引きしつつ　御船さす

賎男(しつを)の徒(とも)は　川の瀬麻宇勢(マウセ)　(万18-4061)
kafanocemauce

c. カイ(kai, 櫂):

…沖つ加伊(カイ) いたくな撥ねそ 邊ついたく な撥ねそ…
okitukai

(万長2-153)

이러한 단어 음소 배열상의 규칙이 복합에 의해 모음 연접이 일어나는 경우에도 적용되어 탈락이 일어난다는 것이다. 그러나 모음탈락은 모든 모음 연접에서 규칙적으로 발생하는 현상은 아니다.

(3) a. トコイハ(tokoifa, 常磐)＞トキハ(tokifa)

等伎波(トキハ)なす 斯くしもがもと 思へども
tokifanacu

世の事なれば 留みかねつも (万5-805)

b. ヨコウス(yokoucu, 横臼)＞ヨクス(yokucu)

白檮の生(ふ)に 余久須(ヨクス)を作り
yokucuwotukuri

余久須(ヨクス)に 醸(か)みし大御酒… (記歌48)
yokucuni

c. カリイホ(kariifo, 仮庵)＞カリホ(karifo)

たらちねの 母を別れて まことわれ

旅の加里保(カリホ)に 安く寝むかも (万20-4348)
tabinokarifoni

(4) a. カラ(ル)ウス(kara[u]ucu, 唐臼)

可流羽須(カルウス)は 田廬のもとに わが背子に
karuucufa

にふぶに咲みて 立ちてます見ゆ (万16-3817)

b. フセイホ(fuceifo, 伏庵)

…布勢伊保の　曲廬の内に
fuceifono

直土に　藁解き敷きて…　(万長5-892)

c. ミヅウミ(miduumi, 水海＝湖)

… うらぐはし　布勢の美豆宇彌に
fucenomiduumini

海人船に　真楫櫂貫き…　(万長17-3993)

(5) a. ヤスイ(yacui, 安眠)

… もとな懸かりて　夜周伊し寝さぬ　(万長5-802)
yacuicinacanu

b. アウラ(aura, 足占)

月夜よみ　門に出で立ち　足占して
auracite

ゆく時さへや　妹に逢はざらむ　(万12-3006)

(6) a. クレナヰイロ(kurenawiiro, 紅色)

桃の花　紅色に　にほひたる　面輪のうちに … (万19-4192)
kurenawiironi

b. アヲウナハラ(awounafara, 青海原)

阿乎宇奈波良　風波なびき　行くさ来さ
awounafara

障むことなく　船は速けむ　(万20-4514)

특히 (5)는 모음탈락이나 모음융합이 사실상 불가능한 예이며 (6)은 다른 단어와의 자유로운 결합을 가능하게 하기 위해서 탈락이나 융합이 발생하기 어려운 것[22]이다. 당시의 일본어에서 모음연속을 피하는 경향이 강했다 할지라도 모음탈락의 이유를 거기에서만 찾는다는 것은 충분하지 못하다고 생각한다.

그러한 점에서 모음탈락이 단순하고 기계적인 '연모음 회피'가 아니라 단어의 음 배열규칙을 이용한 '양 형태소의 의미를 융합하는 지표(指標)'라고 보는 고마쓰(小松, 1975)의 견해는 연모음이 회피되지 않을 경우의 적극적인 의미를 중시하고 있다는 점에서 주목할 만하다. 그러나 탈락이 모두 결합의 정도라는 관점에서 설명될 수는 없다.

(7) [～と(to)＋思ふ(omofu)]

a. 春さらば　**阿波武等母比之**(アハムトモヒシ)　梅の花
afamutomofici
今日の遊びにあひみつるかも　(万5-835)

b. いつしかも　**見牟等於毛比師**(ミムトオモヒシ)　粟島を
mimutoomofici
外にや恋ひむ　行くよしも無み　(万15-3631)

c. 粟島の　**安波自等於毛布**(アハジトオモフ)　妹にあれや
afajitoomofu
安眠も寝ずて　吾が恋ひ渡る　(万15-3633)

(8) [心は思へど(kokorofaomofedo)]

a. ちはや人　宇治の渡りに　渡瀬に立てる
梓弓壇　い伐らむと　**許許呂波母閇怜**(ココロハモヘド)…　(記歌51)
kokorofaomofedo

b. 百づ島　足柄小舟　歩行多み
目こそ離るらめ　**己許呂波母倍怜**(ココロハモヘド)　(万14-3367)
kokorofamofedo

22 하야시 지카후미(林史典, 1993)「古代語の音韻・音韻史」『日本語要説』ひつじ書房, pp.187-188 참조.

(7)은 같은 단어구성을 지닌 표현인데도 불구하고 탈락형과 비탈락형으로 나눠지는 예이다. 그리고 (8)은 융합의 정도가 높다고는 볼 수 없는데도 탈락이 일어난 경우이다. 기존의 해석으로는 (7)(8)에서 보이는 탈락의 이유를 만족스럽게 설명할 수 없다.

지금까지의 연구에서는 문체적인 제약이 그다지 중요시되어오지 않았다. 다시 말해서 모음탈락을 알 수 있는 단서가 되는 자료가 운문 자료에 집중해 있음에도 불구하고 운문 속에 보이는 탈락의 예들이 상대일본어의 일반어에서도 보통처럼 나타난다는 듯이 오인되어온 경향이 있었다.

그러나 자료에 제약이 있는 이상, 모음탈락은 적어도 그 일부분이 운문이라는 문체적 제약 속에서 발생한 현상일 가능성도 무시할 수 없다.

지금까지 탈락의 용례로서 동일시되어온 것들 중에는 운문에서만 존재하는 것과 운문 이외에서도 존재했을 가능성이 있는 것들이 혼재되어 있을 가능성이 있다. 나아가 구두 언어에서 탈락형과 비탈락형이 공존 관계에 있었고 서기(書記) 언어로서 정착하는 과정에서 문체의 차이에 따라 선택되었을 가능성도 있다.

운문이라는 문체 면에서 (7) (8) (10)의 예들을 다시 한 번 살펴보면 분명히 (9)와는 성격을 달리하고 있다는 것을 알 수 있다. 즉, ‘アリソ(arico, 荒磯)’ ‘アルミ(arumi, 荒海)’는 항상 탈락형만이 사용되고 있다. 그에 반해 (7) (8) (10)과 같이 ‘조사를 포함하는 형식’에서는 탈락이 유동적이고 탈락이 일어난 구도 탈락이 일어나지 않은 구도 모두 정수구(正數句)를 이루고 있는 경우가 많다.

(9) a. 渋谷の　崎の安里蘇(アリソ)に　寄する波
cakinoariconi
いやしくしくに　古思ほゆ　(万17-3986)

b. 大船を　安流美に出だし　います君
aruminiidaci
恙むことなく　早帰りませ　(万15-3582)

(10) a. 山の名と　言ひ継げとかも　佐用比売が
この野麻能閇に　領巾を振りけむ　(万5-872)
konoyamanofeni

b. 高圓の　秋野乃宇倍の　朝霧に
akinonoufeno
妻呼ぶ壯鹿　出で立つらむか　(万20-4319)

모음탈락을 상대일본어에서의 일반적 현상으로 보기 이전에 일정한 음수율을 지닌 정형시라는 제약이 이러한 현상을 어떻게 좌우하고 있는지를 충분히 살펴볼 필요가 있다. 본 장에서는 문체적 측면과 운율적 측면에서 모음탈락 현상을 다시 한 번 파악해 봄으로써 이러한 일련의 문제를 검토해 본다.

또한 제2장 1.10에서 지적한 바와 같이 운문에서의 모음탈락에 대해서는 자수초과와의 관계에서 논한 모리 마사모리의 일련의 연구가 이미 존재하고 있다(pp.64-68 참조). 모리에 의하면 자수 초과가 발생하기 쉬운 곳은 만요슈 단가의 제 1 · 3 · 5구, 장가형식의 5음구 · 결구, 단가의 2 · 4구와 장가의 7음구 중에 제5음절 째 이하에 모음음절이 오는 경우라고 한다. 또 자수 초과는 결합도가 높은 '단어결합체 상태'이며 이것이 더 진행된 단계가 탈락이라고 설명한다.

그러나 자수초과와는 달리 모음탈락의 경우 어느 일정한 구에 편중되어 나타나는 일이 없다. 또한 자수초과와 모음탈락이 밀접한 관계에 있었던 것은 확실하지만 그것은 운문 속에서의 관계일 뿐으로 'ワガイモ(wagaimo) ＞ ワギモ(wagimo)' 'アガオモフ(agaomofu ＞ アガモ

フ(agamofu)'와 같은 탈락형이 산문에 존재했다고는 생각하기 어렵다.

단, 모리(1998a)[23]와 모리(1998b)[24]에서는 만요(万葉)와 센묘(宣命)에 나타나는'ナリ(nari)' 'タリ(tari)' 'ザリ(jari)' 'カリ(kari)의 양상을 통해, 운문과 산문을 연속적인 것으로 보는 관점에서 '산문에서도 결합도가 높고 낮음이 있었다고 보아도 좋으며 자수초과 상태 즉, 이것을 바꿔 말하면 결합도가 낮은 상태를 추측해 보는 일'이 가능하다고 지적하고 있다.

그러나 본 장에서는 뒤에 기술하겠지만, 'ナリ(nari)'와 'ニアリ(niari)'는 모두, 구두어에서도 필요에 따라 어느 형태도 선택 가능한 관계였으며, 동시에 문체적 작용도 반영할 수 있는 관계였다고 본다.

본 장에서는 상대 문헌에 나타나는 모음 탈락형 중에서 어떠한 탈락형이 운문적 특질(음수율의 제약)을 반영한 것이고 또 어떠한 탈락형이 운문 이외의 문헌에서도 존재하는 것들이었나 하는 점을 밝히기 위하여 다음과 같은 기준에 따라 고찰하고자 한다.

- 문헌을 운율성이 있는 것과 그렇지 않는 것(음수율의 제약이 없는 것들을 편의상 '산문 자료'라 부르기로 한다)으로 크게 나눈 다음 탈락이 일어나는 양상을 검토한다.
- 단어 구성의 차이에 따라 탈락형과 비 탈락형의 관계도 달라지리라 예상되기 때문에 용례는 다음 세 종류로 나누어 고찰한다.

A그룹 : [단어＋모음음절로 시작하는 단어]

アリソ(arico, 荒磯)

23 모리(毛利, 1998a)「古代日本語の音節構造の把握に向けて」『万葉集の世界とその展開』佐藤武義編, 白帝社, pp.305-330.

24 모리(毛利, 1998b)「古代日本語に於ける字余り・脱落を論じて音節構造に及ぶ－万葉(和歌)と宣命を通じて－」『国語と国文学』75-5, pp.119-130.

トキハ(tokifa, 常磐)
アモル(amoru, 天降る)
コキル(kokiru, 扱入)

B그룹 : [단어+부속어+모음음절로 시작하는 단어]
ワギモ(wagimo, 吾が妹)
ヲノヘ(wonofe, 峰の上)
アガモフ(agamofu, 我が思ふ)
コトニヅ(kotonidu, 言に出づ)

C그룹 : [~アリ] 型
① [단어+부속어+アリ(ari, 有・在)]
タリ(tari) < テアリ(teari)
ナリ(nari) < ニアリ(niari)
ザリ(jari) < ズアリ(juari)
② [단어(형용사 연용형)+アリ(ari, 有・在)]
カリ(kari) < クアリ(kuari)

C그룹 중, ②의 [단어(형용사 연용형)+アリ]는 'アリ'의 실질적인 의미가 옅어지고 [クアリ(kuari)>カリ(kari)]가 하나의 활용형을 이루게 되어 가는 양상이 [ニアリ(niari)>ナリ(nari)]의 양상과 유사하기 때문에 C그룹으로 통괄하여 고찰한다. 또 앞에 접속하는 부분이 형용사 연용형(連用形) 이외의 자립어인 경우(예를 들면 '命アラバ' 등)는 A그룹에 넣어 고찰한다.

 탈락형의 분포 및 탈락 양상

2.1 산문 자료

산문 자료에는 만요가나(万葉仮名)로 전 문장을 표기한 쇼소인 가나몬죠(『正倉院仮名文書』 甲・乙), 조사・조동사나 활용어미 부분에 만요가나를 사용한 센묘(宣命) 등이 있으며 운율적인 특성을 지니지 않는다는 점에서는 한문체 속에 가나표기가 이루어진 어구(語句)들도 여기에 포함시킬 수 있다.

자료 면에서 양적이나 질적인 제약은 있으나 고유명사를 제외하면 산문 내에서 탈락형이라 볼 수 있는 예들은 C그룹에 한정되며 그 대부분은 (11)과 같이 [ナリ(<ニアリ)][25]이다. 'ザリ(<ズアリ)' 'カリ(<クアリ)'와 같은 용례들은 산문 문헌에는 나타나지 않으며 'タリ(<テアリ)'도 센묘에서밖에 보이지 않는다(예(12) 참조).

(11) a. 美奈美乃末知奈流(<にある)奴乎宇氣與止於保止己
□都可佐乃比止伊布　　(正倉院・乙)

b. 天照大神日、諾。諾此云二宇毎那利(<にあり)一　　(紀・神武)

c. 然今大保方必可仕奉之止所念坐世多能遍重天勅止毛敢末之時止
爲弖辞備申復可受賜物奈利(<にあり)世波祖父仕奉天麻
自。　　(宣命・26詔・孝謙太上)

25 이러한 예들은 '단정・존재' 의 의미를 나타내며 연체형(連体形)에 접속한다. 한편, (4)C 그룹b.에 보이는[ナリ]는 종지형 접속형으로[전문・추정]의 의미를 가진다는 견해가 일반적이다. 종지형 접속의[ナリ]는 탈락하기 이전의 형태가 문헌상에 나타나지 않는다는 점에서 문헌 수록 당시에 이미 한 단어화가 이루어졌던 것으로 보이므로 모음탈락 예에서는 제외시키기로 한다.

(12) a. 今宣久奈良麻呂我兵起尓被雇多利(くてあり)志秦等乎婆遠流賜都。 (宣命・21詔・孝謙)

b. 此物者天坐神地坐祇乃相于豆奈比奉福波倍奉事尓依而顯久出多流(くてある)宝尓在羅之止奈母神随所念行須。 (宣命・4詔・元明)

그런데 기존 연구에서는 다음과 같은 예들도 탈락형으로 간주하고 있다.

(13) a. 天皇遂作二殊舞一殊舞、古謂二之立出舞一。立出、此云二陀豆豆一。舞状者乍レ起乍レ居而舞之 (紀・顯宗)

b. 鳥往來羽田之汝妹者、羽狹丹葬立往汝妹、此云二儺邇毛一 (紀・履中)

그러나 (13)과 같은 예들에 대해서는 다른 견해도 존재하며 다음과 같은 의문점이 든다. 우선, (13)a ‘タツヅ(tatudu)’는 단순한 모음탈락이라 보기 어렵다는 점이다. 상대의 일반적인 탈락 양상으로 보면 ‘立出’는 ‘タチイヅ(tatiidu)＞タチヅ(tatidu)’의 과정을 예상할 수 있다. ‘陀豆々’라는 주석은 『時代別国語大辞典 上代編』([たつつまひ] 항목, 三省堂)의 설명처럼 ‘タツツの 어원을 ‘立出’에서 찾은 일종의 어원해석’일 가능성이 있으며 설령, ‘立出’의 탈락형이라 할지라도 고유명사에 가까운 춤의 명칭에 나타나는 특수한 변화라 생각할 수 있다.

(3)b의 ‘ナニモ(nanimo)’에 관해서도 자음 삽입일 가능성을 부정할 수 없다. 즉, ‘儺邇毛(nanimo, 汝妹)’는 ‘汝(na)＋の(no)＋妹(imo)’의 탈락형으로 일컬어져 왔는데, 야마구치(山口, 1974)[26]에 보면 다음과 같은 지적이 있다.

ナ(na, 汝)를 포함하는 복합어는 ナセ(nase, 汝夫) · ナネ(nane, 汝姉) · ナオト(naoto, 汝弟) · ナビト(nabito, 汝人) 등, ノ(no)를 넣지않고 만드는 것이 통례이다. 따라서 ナニモ(nanimo)에 자음 n 이 삽입된 것으로 보는 편이 낫다.

ナ(汝)を含む複合語は、ナセ(汝夫)·ナネ(汝姉)·ナオト(汝弟)·ナビト(汝人)など、ノを介しないのが通例である。従って、ナイモに子音 n の挿入されたものと考えるのが優っている。 [p4]

이처럼 A그룹과 B그룹에서 탈락형으로 추정되는 예는 없으며 설령 있다고 하더라도 위에 열거한 한 두 예에 지나지 않음을 알 수 있다.

이상에서 산문에서의 탈락형에는 C그룹, 특히 'ナリ(nari)'가 많다는 점을 지적할 수 있다. 그런데, 'ナリ(nari)'가 많기는 하지만 탈락형 'ナリ(nari)'와 비 탈락형인 'ニアリ(niari)'를 비교해 보면 산문에서는 후자 쪽이 상대적으로 많다는 점도 주목해야 할 것이다. 덧붙이자면 산문에서 보이는 비탈락형의 예는 (14)와 같은 것들이다.

(14) A그룹

a. 吹棄氣噴之狹霧此云_浮枳于都屢(フキウツル)[吹き棄つる]伊浮岐能佐擬理_
fukiuturu

(紀 · 神代)

b. 加多知支々多末部爾多天萬都利阿久(タテマツリアグ)[奉り上ぐ]
tatematuriagu

(正倉院 · 甲)

B그룹

a. 久呂都加乃伊禰(クロツカノイネ)[黒塚の稲]波々古非天支 (正倉院 · 甲)
kurotukanoine

---

26 야마구치(山口, 1974) [古代日本語における頭子音の脱落]『國語學』98 p4.

b. 比止乃太氣太可比止□己止波卯氣都流[事は受けつる]
kotofauketuru

(正倉院・乙)

C그룹

a. 是以所念波男能未父名負弖女波伊婆礼奴物尓阿禮[にあれ]夜
niare

立双仕奉自理在止奈母念須。 (宣命・13詔・聖武)

b. 葦原中國者伊多玖佐夜藝帝阿理[てあり]那理此十一字以レ音
teari

(記・神武)

cf) 豊葦原之千秋長5百秋之水穂國者伊多久佐夜藝弖此七字
te

以レ音有那理此二字以レ音 (記・神代)[27]
ari

c. 之加毛與禰婆夜末多波多萬波須阿良[ずあら]牟
juara

(正倉院・甲)

d. 然昨日能冬至日仁天雨天地毛潤萬物毛萠毛延始天好阿流[くあ
yokuaru

る]良牟止念仁伊豫國与利白祥鹿乎献奉天在礼方有礼志与呂
許保志止奈毛見流。 (宣命・第46詔・稱徳)

결국, 산문 자료에서의 탈락 상황은《表Ⅰ》과 같이 정리할 수 있다(표의 숫자는 총 어휘수로 나타낸다. 이하 동일).

27 일반적으로 후속하는 단어가 자훈(字訓) 표기인 경우에는 어두 모음음절의 탈락 유무가 확실하지 않기 때문에 고찰대상으로 삼을 수 없다. 그러나 [~アリ]형의 경우에는 부속어의 말미모음이 탈락하는 형태에 국한되어 있기 때문에 [ニアリ＞ニリ] [テアリ＞テリ]와 같은 탈락형이 존재하지 않는다. 따라서 [アリ]를 훈으로 표기한 예를 [ニアリ] [テアリ]의 용례에 포함시켜도 된다고 간주하였다.

《표 I》 산문 자료에서의 탈락형과 비탈락형

	비탈락형			탈락형		
	A 그룹	B 그룹	C 그룹	A 그룹	B 그룹	C 그룹
고사기본문(古事記本文)	1	0	0+1(2)	0	0	0
일본서기본문(日本書紀本文)	4	0	0+0	0	0	1
가나문서(正倉院仮名文書)	7	6	0+2	0	0	1
속일본기센묘(続日本紀宣命)			3(50) +9(118)			15
合계	12	6	3(50) +12(120)	0	0	17

1) 대응하는 탈락형이 없는 용례+대응하는 탈락형이 있는 용례
예) ハアリ+ニアリ(>ナリ).
《표 II》도 마찬가지. 괄호 안의 숫자는 アリ를 자훈 표기한 용례.
2) 센묘에서는 C그룹을 제외하고는 확실한 용례를 찾을 수가 없다.

2.2 운문 자료

상대 일본어의 산문 자료에 비하면 운문 자료는 양적으로 방대하며 당연히 탈락형도 많이 나타난다. 산문에 나타나는 모음탈락의 예는 C그룹뿐이었지만 운문에서는 (15)와 같이 단어 구성의 차이에 관계없이 모음탈락이 일어나고 있다(용례 수는 《표 II》를 참조). 뿐만 아니라 C그룹의 경우에는 산문에서는 '(ズアリ>)ザリ' '(クアリ>)カリ'의 예를 발견할 수 없는데 비해 운문에서는 (5)C그룹처럼 'ザリ' 'カリ'의 용례도 찾아볼 수 있다.

(15) A그룹

a. おろかにそわれは　乎敷の浦の　安利蘇(アリソ)[荒磯]のめぐり
arico nomeguri

見れど飽かずけり (万18-4049)

b. 八千種の　花は移ろふ　等伎波(トキハ)[常磐]なる
tokifa naru

松のさ枝を　われは結ばな (万20-4501)

B그룹

a. 伊母我陛(イモガヘ)[妹が家]に　雪かも降ると　見るまでに
imogafe ni

ここだも乱ふ　梅の花かも (万5-844)

b. 見渡せば　向つ乎能倍(ヲノヘ)[峰ノ上]の　花にほひ
mukatuwonofe no

照りて立てるは　愛しき誰が妻 (万20-4397)

C그룹

a. …家那良(ナラ)[くにあら]ば　形はあらむを　うらめしき
ifenara ba

妹の命の我をばも　如何にせよとか (万長5-794)

b. 我妹子が　下にも着よと　贈り多流(タル)[くてある]
okuritaru

衣の紐を　吾解かめやも (万15-3585)

c. あらたまの　年の緒長く　逢は射礼(ザレ)[くずあれ]ど
afajare do

異しき心を　吾が思はなくに (万葉集15-3775)

d. 我妹子が　形見の衣　な可理(カリ)[くくあり]せば
nakari ceba

何物もてか　命継がまし (万葉集15-3733)

《표 Ⅱ》 상대가요 및 만요슈 수록가*에서의 탈락형과 비 탈락형

	비탈락형			탈락형		
	A 그룹	B 그룹	C 그룹	A 그룹	B 그룹	C 그룹
기키가요 (記紀歌謠)	69	108	10+12	35	31	14
만요슈 장가 (万葉集長歌)	67	74	35+18	33	17	19
만요슈 단가 (万葉集短歌)	144	362	55+44	98	111	90
붓소쿠세키카 (仏足石歌)	15	15	5+1	2	0	4
후도키 가요 (風土記歌謠)	2	6	0+1	1	2	0
합계	297	565	105+76	169	161	127

*자음가나 표기 노래(5권 14권 15권 17권 18권 19권 20권)

그런데 A그룹과 B・C그룹 사이에는 분명히 탈락형과 비탈락형의 탈락 양상에 차이가 보인다. 즉, A그룹에서는 탈락형인지 비탈락형인지가 일정하게 고정되는 경향이 강한데 반해 B・C그룹에서는 탈락형과 비탈락형 양쪽이 모두 나타나는 경향이 있다는 점이다. 예를 들면 (5)A그룹의 '荒磯' '常磐'는 오로지 'アリソ(arico)' 'トキハ(tokifa)'로만 나타나고 'アライソ(araico)' 'トコイハ(tokoifa)' 형태로 쓰이는 일이 없다. 그러나 B・C그룹의 경우에는 (16)처럼 비탈락형이 많이 존재하며 사용된 횟수로도 탈락형과 비탈락형 중 어느 쪽이 더 많다고는 말하기 어려운 상황이다.

(16) B그룹

a. 伊毛我伊敝尓(イモガイヘニ)[妹が家に] 伊久里の森の 藤の花
imogaifeni

今来む春も　常如此し見む　(万17-3952)

b. あしひきの　八峯能宇倍の　樛の木の
yaminenoufeno

いや継ぎ継ぎに 松が根の 絶ゆること無く…

(万長19-4266)

C그룹

a. …國に在らば　父とり見まし　家尓阿良ば
ifeniaraba

母とり見まし　かくのみならし…　(万長5-886)

b. わが背子が　屋戸の山吹　咲き弖安良ば
cakitearaba

止まず通はむ　いや毎年に　(万20-4303)

c. 磯の間ゆ　激つ山川　絶え受安良ば
taejuaraba

またもあひ見む　秋かたまけて　(万15-3619)

d. 遠久安礼ば　一日一夜も　思はずて
tofokuareba

あるらむものと　思ほしめすな　(万15-3736)

단, 'オモフ(思ふ)' 'イヅ(出づ)'와 같이 모음음절로 시작하는 특정 동사군[28]에는 A그룹, B그룹을 가리지 않고[29], 탈락을 일으키고 있는 것들이 있으며 게다가 그 경우에는 어두의 모음음절이 탈락한다. 이러

28 'イフ(言ふ)' 'ウウ(飢う)'도 이러한 동사에 속한다. 단, 'ウウ(飢)'의 경우에는 비탈락형이 나라시대(奈良時代) 문헌에는 보이지 않고 'エ가 먼저 있었고 나중에 어두에 모음음절이 발달되었다)'는 가능성을 지적하는 견해(야나이케 마코토(屋名池誠, 1992), p13)도 있지만, 『萬葉集』에 'ウウ(飢)'가 구두(句頭)에 사용된 예 '飢寒良牟(万5-892)'가 보이는 점, 음성적으로 보아 같은 조건에 있는 'ウウ(植う)'가 항상 탈락하지 않고 'ウウ(飢う)'와 대립하고 있다는 점에서 본서에서는 탈락형으로서 인정하는 입장을 취한다.

29 C그룹에는 'オモフ' 등을 포함하는 형식은 존재하지 않는다.

한 동사들에 대해서는 다음과 같은 부분이 주목된다.

A그룹의 경우에 탈락형이나 비탈락형 중 어느 한 쪽으로만 정해져 있는 경향에 있음에도 불구하고 'オモフ(omofu, 思ふ)' 등의 동사를 포함하는 형식에서는 (17)과 같이 탈락형과 비탈락형 양쪽이 존재한다.

(17) a. [愛しみ思ふ]

于蘆波辭彌茂布(紀歌38) ↔ 于流波志美意母布(記歌46)
urufacimimofu　　　urufacimiomofu

b. [成り出]

奈利提し人か(万長5-800) ↔ 人と奈理伊弖て(万長5-904)
naridecifitoga　　　fitotonariidete

B그룹에 대해서는 다음 사항을 지적할 수 있다.

첫째, 일반적으로 B그룹에서는 격조사를 포함하는 형식에는 'ワガイヘ(吾が家)>ワガヘ・ワギヘ'와 같이 탈락이 일어나지만 계조사[30]를 포함하는 형식의 경우에는 (18)처럼 탈락이 일어나지 않는다.

(18) a. [~ソ(co)・置く(oku)]

鴨じもの　浮寝をすれば　蜷の腸

か黒き髪に　露曾於伎にける　(万15-3649)
tuyucookinikeru

b. [~は(fa)・植う(uu)]

人の植うる　田者宇恵まさず　今更に
tauwemacacu

国別れして　吾はいかにせむ　(万15-3746)

30 계조사(係助詞)란, 용언의 활용형을 규정짓는 조사로, 예를 들면 ハ가 오면 용언을 종지형으로, ゾ・ナム・ヤ・カ가 오면 용언을 연체형(連体形)로, コソ라는 조사 뒤에는 용언을 이연형(已然形)으로 맞추어야 한다. 이러한 법칙을 '가카리무스비 법칙(係り結びの法則)'이라 부른다.

둘째, 그러나 ‘オモフ(omofu)’ 등의 모음음절로 시작하는 특정동사는 이러한 점에서도 역시 예외적이며 (19)와 같이 계조사(係助詞)나 부조사(副助詞) 뒤에 접속하는 경우에도 탈락이 일어나고 있다.[31]

(19) a. [~(し)そ([ci]co)・思ふ(omofu)]

　　シソモフ
　　都之紋毛布　　(万5-843)
　　miyakocicomofu

　　　　　　シソオモフ
　　↔家を之曾於毛布　　(万17-3894)
　　ifewocicoomofu

b. [~し(ci)・思ふ(omofu)]

　　シモハ
　　並に之母波ば　　(万5-858)
　　naminicimofaba

　　　　　　コトオモハ
　　↔われを事於毛波ば　(万18-4055)
　　warewokotoomofaba

이상, 운문 자료에 보이는 탈락형들에 대해서 분포 및 탈락 양상에 대하여 살펴보았다. 이 중, 탈락형과 비탈락형 양쪽이 존재하는 경우(B・C그룹, 및 ‘オモフ(omofu)’ 등을 포함하는 형식)의 탈락형은 ‘연모음의 회피’나 ‘융합의 정도’라는 관점에서만 설명하기 어렵다. 이 문제에 관해서는 운문 자료에서의 탈락형에 다음과 같은 경향이 보이는 것과 관련지어서 생각해 보아야 할 것이다.

하나는 탈락형을 포함하는 구의 대부분이 규정 음수를 준수하는 정수구를 이루고 있다는 점이다. 예를 들면 『万葉集』 수록가를 모음음절

---

31 (19)의 용례 외에는 [吾は夜惠(飢)ぬ(古事記歌謠 104)]를 포함시킬수 있을 것 같으나, 야마구치(山口, 1998) 『古事記』歌謠における稀用語の処理」『論集上代文学』 22, 萬葉七曜会編, 笠間書院에서는 [ワレハヤヱヌ]의 [ヤ]는 종래에 조사로 취급되어져 왔지만 [ヤ]는 조사가 아니라 부사 [イヤ]의 어두 모음이 탈락한 형태 [ヤ(‘이윽고’의 의미)]일 가능성을 지적하고 있다. 그렇게 생각한다면 B그룹이 아니라 A그룹 용례로 열거할 수 있다.

을 포함하는 '탈락형 구'와 포함하지 않는 '비탈락형 구'로 나눈 후, 정수구를 이루고 있는지의 여부를 살펴보면 《표 Ⅲ》과 같다.

《표 Ⅲ》『万葉集』 수록가의 분포

	비탈락형구		탈락형구	
	정수구	비정수구	정수구	비정수구
만요슈 장가 (万葉集長歌)	118	76	68	1
만요슈 단가 (万葉集短歌)	243	362	294	5

이에 따르면 탈락형 구 중에서 정수를 이루고 있지 않은 것은 (20)과 같이 장가(長歌) 한 수, 단가(短歌) 다섯 수에 국한된다.

(20) a. 장가(長歌):

… 世間の　憂けく辛けく　いとのきて　痛き瘡には

からしほを　**濯知布何其等久**[濯くちふが如く]（ソソクチフガゴトク）
cocokutifugagotoku

ますますも 重き馬荷に … (万長5-897)

b. 단가(短歌):

1) いかにして　恋ひばか妹に　武蔵野の　うけらが花の

伊呂尓受安良牟[色に出ずあらむ](万14-3376, 或本歌)（イロニズアラム）
ironijuaramu

2) あをによし　奈良の大路は　行きよけど　この山道は

由伎安之可里家利[行き愕しかりけり] (万15-3728)（ユキアシカリケリ）
yukiacikarikeri

3) うるはしと　吾が思ふ妹を　思ひつつ　行けばかもとな

由伎安思可流良武[行キ愕シカルラム] (万15-3729)（ユキアシカルラム）
yukiacikaruramu

4) 鵜坂川　渡る瀬多み　許乃安我馬乃[コノ吾ガ馬ノ]
konoagamano
足掻の水に衣濡れにけり　(万17-4022)

5) 足柄の　箱根の嶺ろの　和草の　波奈都豆麻奈礼也
fanatumutumanareya
[花ツ妻ナレヤ]　紐解かず寝む　(万14-3370)

단, (20)b.4) '安我馬'의 경우, 본 논문에서 저본(底本)으로 삼고 있는 『万葉集』(古典文学大系, 岩波書店)에서는 'アガウマ(agauma)'로 훈을 달고 있으며 탈락형으로 보고 있지 않다. 그런데, 마찬가지로 니시혼간지본(西本願寺本) 만요슈를 저본으로 하는 『補訂版 万葉集 本文篇』(塙書房)나 『万葉集』(新篇日本古典文学全集, 小学館)에서는 'アガマ(agama)'로 훈을 달고 있다. 'アガウマ(agauma, 吾が馬)>アガマ(agama)'라는 탈락을 가정하는 일은 'ミウマ(miuma, 御馬)>ミマ(mima)' 'タツノウマ(tatunouma, 龍の馬)>タツノマ(tatunoma)' 등의 예에서 생각해 보더라도 부자연스러운 형태가 아니기 때문에 본서에서는 탈락형으로 간주하여 고찰하더라도 지장이 없다는 입장에 있다.

한편, 비탈락형 구 중에서 비정수 구(非定數句)에 속하는 것은 대부분이 정수를 초과하는 구이다. 이러한 예들이 무엇을 의미하는지에 대해서는 다음 절에서 자세히 살펴보기로 하자.

또 하나는 구(句)라는 경계를 뛰어 넘어 탈락을 일으키는 예들이 존재하지 않는다는 점이다.

(21) a. 伊毛尓安波受 安良婆須敞奈美[妹ニ逢ハズアラバ爲方無ミ]
imoniafaju arabacubenami
6 7
*イモニアハ(5)+ザラバスベナミ(7)
12
石根踏む 生駒の山を 越えてそ吾が来る(万15-3590)

b. 伊都之可安氣牟 布勢能宇美能[イツシカ明ケム布勢ノ海ノ]
itucikaakemu fucenourano
7 6
*イツシカケム(6)+フセノウラノ(6)
12
浦を行きつつ玉藻拾はむ (万18-4038)

예를 들면 (21)a처럼 제1구와 제2구 사이에 모음연접이 일어났을 때 설령 'ズ+アリ'가 탈락하기 쉬운 형식이고 제1구의 '妹に逢はず(imoniafaju)'가 6음구라 하더라도 제1구의 말미음절의 모음과 제2구의 어두 모음음절 사이에 탈락이 일어나는 일이 없다. 또한, (21)b의 제3구 'フセノウミノ(fucenoumino)'가 비정수(6음) 구라고 하더라도 정수(7음) 구인 제2구 'イツシカアケム(itucikaakemu)'가 'イツシカケム(itucikakemu)'로 되어 노래 전체의 운율을 지키는 일도 없다.

이러한 사실은 정수를 요하는 운문에서 모음탈락 현상을 '구'라는 단위에서 분리시켜 생각할 수 없으며 음수율과의 관계에서 재검토해야할 필요가 있음을 의미한다. 이하에서는 모음탈락이 어떻게 음수율의 조정에 관여하고 있는지를 중심으로 고찰해 나가겠다.

 운율적 측면에서의 고찰

3.1 탈락형 구

우선 음운 자료에 보이는 탈락형 구의 총 수를 《표 Ⅳ》에 표시했다.

《표 Ⅳ》 운문 자료에 보이는 탈락형 구

	탈락형 구		
	정수 구	비정수 구	
		정수미만 구	정수초과 구
기키가요 (記紀歌謠)	66	9	5
만요슈 장가 (万葉集長歌)	68	0	1
만요슈 단가 (万葉集短歌)	294	0	5
붓소쿠세키카 (仏足石歌)	6	0	0
후도키 가요 (風土記歌謠)	3	0	0

《표 Ⅳ》를 보면 탈락형 구는 대부분이 (22)와 같은 정수구이며 (23)과 같은 정수를 충족시키지 못하는 구(이하, [정수 미만 구]라 부른다), 및 (24)와 같은 정수를 초과하는 구(이하, [정수 초과 구]라 부른다)는 드물다는 사실을 알 수 있다.

(22) a. 伊母我陛邇(イモガヘニ)[妹ガ家ニ] 雪かも降ると 見るまでに
imogafeni
ここだも亂ふ梅の花かも (万5-844)

イヘナラバ
b. … 石木をも　問ひ放け知らず　伊弊那良婆[家ナラバ]
ifenaraba
形はあらむを…　(万長5-794)

アガモフイモ
(23) a. … 眞玉なす　阿賀母布伊毛[吾ガ思フ妹]
agamofuimo
鏡なす…　(記歌90)

b. … 出でましの　悔いはあらじぞ　出でませ子
タマデノヘノ
多麻提能鞞能[玉手ノ家ノ]8重子の刀自　(紀歌124)
tamadenofeno

ソソクチフガゴトク
(24) a. …痛き瘡には　鹹鹽を　灌知布何其等久[濯クチフガ如ク]
cocokutifugagotoku
ますますも　重き馬荷に…　(万長5-897)

b. … やすみしし　我が大君の　帶ばせる細紋の
御帶の結び垂れ 誰やし人も
ウヘニデテナゲク
紆陪儞泥堤那皚矩[上ニ出テ嘆ク]　(紀歌97)
ufenidetenageku

또한 (23)(24)와 같은 비정수 구에 관해서 주목할 만한 점은 정수 미만 구는『고지키(古事記)』및『니혼쇼키(日本書紀)』에 수록된 노래, 즉, 기키가요(記紀歌謠)의 '긴 노래(『만요슈(万葉集)』의 '장가(長歌)'와 구별하기 위하여 본서에서는 편의상 '긴 노래'라 부른다)'에 국한되며 단가 형식의 노래나 만요슈의 장가에는 존재하지 않는다는 점이다. 단, 다음 용례들은 여러 주석서에서 정수 미만 구로 보고 있는 것들이다.

(25)　… 天つ神　仰ぎ乞ひ祈み　地つ神 伏して額づき
カカリモ
かからずも 可賀利毛[如此りも]神の

まにまにと　立ちあざり　わが乞ひ祈めど…(万長5-904)

이 예는 의미상의 경계와 구의 경계(음수율 상의 경계)에 어긋남이 발생한 예로 어느 쪽을 중시할 것인가에 따라 해석이 달라질 여지가 있다. 다시 말해서, 선행연구처럼 의미 면을 중시하는 입장을 취하면 '神のまにまにと(神の意志のままに)' 'カカリモ'를 각각 서로 다른 구로 보게 된다. 그러나 음수율 면을 중시하는 입장에서는 'カカリモカミノ'를 하나의 구로 보는 편이 5・7음을 기본음조로 하는 장가에 적합하며 정수구로 보더라도 무리가 없을 것이다. 따라서 본 논문에서는 정수구로 보고자 한다.

(25') … かからずも　可賀利毛(カカリモ)[如此りも]　神のまにまにと

5　4　8

7　5

立ちあざり　わが乞ひ祈めど…

5　7

한편, 정수 초과 구는 만요슈의 단가에도 나타난다. 그러나 고사기나 일본서기의 기키가요(記紀歌謠) 속에 보이는 '긴 노래(長い歌)' 및 『万葉集』의 '장가(長歌)'에서 보이는 정수 초과 구의 예는 모두 (24)처럼 구두(句頭) 이외에 모음음절을 포함하고 있지 않으며 그 이상 탈락이 일어날 수 없는 상황에 있다. 그런데 비해 만요슈의 '단가(短歌)'의 경우를 보면 정수 초과 구 다섯 용례 중 네 용례가 탈락이 일어날 수 있는 조건임에도 불구하고 탈락이 일어나고 있지 않다. 구체적인 예에 대해서는 (20)에서 들고 있지만 형편상 탈락이 일어날 조건에 있는 용례를 다시 게재하여 설명하겠다.

(26) a. いかにして　戀ひばか妹に　武藏野の　うけらが花の

イロニ　ズアラム
伊呂尓　受安良牟[色ニ出ズアラム](万14-3376, 或本歌)
ironidejuaramu

b. あをによし　奈良の大路は　行きよけど　この山道は

ユキアシカリケリ
由伎安之可里家利[行キ愕シカリケリ]　(万15-3728)
yukiacikarikeri

c. うるはしと　吾が思ふ妹を　思ひつつ　行けばかもとな

ユキアシカルラム
由伎安思可流良武[行キ愕シカルラム]　(万15-3729)
yukiacikaruramu

d. 鵜坂川　渡る瀬多み　コノアガマノ
許乃安我馬乃[コノ吾ガ馬ノ]
konoagamano

足掻の水に衣濡れにけり　(万17-4022)

(26)에서 탈락이 일어나지 않은 것은 구 중에 ‘イロニヅ(色に出)’ ‘カリ(<クアリ)’ ‘アガマ(吾が馬)’와 같은 탈락형을 포함하고 있는 것과 관계가 있다고 보인다. 운문에서 음수 제한을 지키려는 움직임이 있다 하더라도 탈락의 반복으로 인해 음수 제한을 지키기보다는 의미의 전달을 우선했기 때문에 탈락이 일어나지 않았다고 보는 것이 자연스럽다.

이처럼 상대 운문에서는 탈락형을 포함하는 형식에서 탈락에 의해 정수 미만 구가 되는 일은 극력 피했다는 점, 특히 음수율의 제약에 엄격한 단가 형식의 노래일수록 그 경향이 강했다는 것을 밝혔다. 그러나 탈락형만으로는 모음탈락이 음수 제약에 좌우되었다는 것을 증명할 수 없다. 2.2에서는 비탈락형 구를 탈락형 구와 대비하면서 탈락이 일어날 수 있는 조건을 생각해 보기로 한다.

3.2 음수율의 조정

앞 절에서는 탈락형 구의 대부분이 정수 구가 된다는 경향에 대하여 지적하였다. 그러면 비탈락형 구의 경우에는 어떠할까. 고사기나 일본서기의 기키가요에 나오는 긴 노래를 제외하면 비탈락형 구는 (27)과 같은 정수초과 구와 (28)과 같은 정수 구로 나눠진다.

(27) a. 伊毛我伊敝尓(イモガイヘニ)[妹ガ家ニ]伊久里の森の藤の花
imogaifeni
今来む春も　常如此し見む　(万17-3952)

b. … 國に在らば　父とり見まし
家尓阿良婆(イヘニアラバ)[家ニ在ラバ]母とり見まし…(万長5-886)
ifeniaraba

(18) a. 月見れば　同じ国なり　山こそば
伎美我安多里乎(キミガアタリヲ)[君ガ辺リヲ]隔てたりけれ(万18-4073)
kimigaatariwo

b. 伊可尓安流(イカニアル)[如何ニアル]布勢の浦そも　ここだくに
ikaniaru
君が見せむと　われを留むる　(万18-403六)

(27)은 (22)와 같은 탈락형 정수 구와 쌍을 이루고 있으며 (22)의 탈락하기 이전의 형태는 (27)의 정수 초과 구와 같다고 볼 수 있다. 그렇기 때문에 종종 양자 간의 밀접한 관계가 지적되어왔다. 모리(毛利, 1993)[32]에서는 『万葉集』의 탈락형 정수구, 비 탈락형 정수 초과 구(자수 초과 구), 및 (32)와 같은 비탈락형 정수 구의 3자 관계에 대하여 다음과 같이 서술하고 있다.

---

32 모리(毛利, 1993)[萬葉集の[(音韻的)音節]と唱詠のあり方をめぐって]『国語学』174, pp.1-15.

모음을 포함하여 모음 연접이 일어날 때 자수초과(및 축약: 탈락)을 일으키는 것은 두 모음 간에 음의 끊김이 없을 때이며 비자수초과는 음의 끊김이 있을 때이다(뒷부분 생략)
母音を含み母音連接が起こる時に、字余り(及び縮約 : 脱落)を生じるのは両母音間に音のとぎれがない時であり、非字余りは音のとぎれがある時である(後略) [p6]

즉, 자음을 C, 모음을 V라 한다면, $\cdots CV_1CV_2+V_3CV_4\cdots$의 음절구조 속에서

- 비자수초과 구(非字余り句) : V_2와 V_3 사이에 음의 끊김이 있으며 단어 연속인 상태. CV_2와 V_3는 2문자 2음절이었다.
- 자수초과 구(字余り句) : V_2와 V_3 사이에 음의 끊김이 없으며 단어 결합체. CV_2와 V_3는 2문자 1(음운적)음절이었다.
- 탈락형 구(脱落形句) : V_2와 V_3 사이에 음의 끊김이 없으며 자수초과가 더욱 진행된 단계에서 일어난다. 음성 상으로는 다르다고 하더라도 음운 상으로는 $CVa=CV_2V_3$이었다. (CVa는 탈락에 의한 새로운 음절) (이상, 필자에 의한 정리)

로 보고 있으며 단어 연속 상태에 있는 비자수초과 구에서 탈락을 일으키는 일은 있을 수 없다고 지적하고 있다. 그러나 비자수초과 및 자수초과에서 '음의 끊김' 유무는 양 구가 서로 정수 구라는 점을 설명하기 위해 끌어 온 결과론적인 해석이다. 모리(毛利)가 자수초과가 일어나기 힘들다고 분류한 구(단가의 제2・4구에서 제5음절 이전에 모음음절이 위치하는 경우) 중에도 (29)와 같이 탈락이 일어난 케이스도 있음을 감안하면 자수초과를 이루는지의 여부를 가지고 곧바로 단어 간의 결합 정도를 측정하는 기준으로 삼을 수는 없다는 것을 알 수 있다.

(29) a. アライソ[araico, 荒磯]の波も

→安里蘇乃奈美母 (万17-3959)
arico

b. 宿ニアル萩の → 夜度奈流波疑乃 (万20-4444)
naru

모리가 예외로 삼는 (29)의 예에 대해서 자신도 모리(1988)[33]의 논문에서 지적하고 있지만 '결합도가 각별히 높았기 때문에' 탈락이 일어났을 것이라는 설명으로 그치고 있다.

한편, 모리(毛利, 1998a)[34]에서는 본서의 A그룹에 속하는 탈락형은 '상대 문헌시대 이전에 탈락형이 정착한' 것들이고, C그룹에 속하는 용례들은 '상대에서 탈락이 정착되지 못하고 진행 상태에 있는' 것이라는 견해를 펴고 있으나 꼭 통시적인 관점에서 탈락형을 볼 적극적인 이유는 없다고 생각한다. 특히 A그룹의 탈락형은 '융합의 정도'라는 관점에서 설명이 가능하며 A그룹을 산문 자료에서 볼 수는 없지만 운문 산문을 가리지 않고 탈락형으로서 사용되었을 것으로 생각되기 때문이다.

또한 이미 살펴본 바와 같이 운문에서 나타나는 탈락형 중에는 '～ニ(ni)・イフ(ifu, 言ふ)＞ニフ(nifu)' '～ハ(fa)・オモフ(omofu, 思ふ)＞ハモフ(famofu)' 처럼 결코 결합도가 높다고는 볼 수 없는 형태소 간에서 탈락이 일어나고 있는 예도 있다. 더불어 (30)과 같이 동일한 단어구성으로 이루어진 구에서는 양자간의 차이를 결합도의 고저로 설명할 수는 없다.

33 모리(毛利, 1988)「上代日本語の音韻変化—母音を中心に—」『国語国文』57-4, p7.

34 모리(毛利, 1998a), pp.305-330.

(30) a. 春さらば　阿波武等母比之（アハムトモヒシ）　梅の花
afamutomofici
今日の遊びに　あひみつるかも　(万5-835)

b. いつしかも　見牟等於毛比師（ミムトオモヒシ）　粟島を
mimutoomofici
外にや戀ひむ　行くよしも無み　(万15-3631)

c. 粟島の　安波自等於毛布（アハジトオモフ）　妹にあれや
afajitoomofu
安眠も寢ずて　吾が戀ひ渡る　(万15-3633)

만요슈에 보이는 탈락형을 포함하는 구 368 용례 중, 362 용례(98%)가 정수 구를 이루고 있다는 사실에 비추어 볼 때 음수율의 조정이라는 각도에서 모음탈락을 재조명할 필요가 있다. 음수 제약이 작용할 경우에 정수를 초과하는 구를 가능한 한 정수 구에 근접시키려는 것은 당연한 움직임일 것이다. 반면에 탈락할 조건을 갖추고 있다 하더라도 정수를 이루고 있는 구를 일부러 탈락시켜서 정수에 미달하는 구로 만드는 것은 생각할 수 없으며 실제로 그러한 예는 찾아볼 수 없다. 정수를 이루는 비탈락형 구에서 탈락이 일어나지 않는 것은 결합도와 관계가 없으며 그 상태 그대로 이미 정수를 충족시키기 때문이었을 것으로 보아야 할 것이다. 더구나 아래 예에서도 음수 제약에 의해 탈락형과 비 탈락형 중 어느 한 쪽이 선택되는지를 확인할 수 있다.

우선, B・C그룹의 경우, (31)~(32)는 탈락형이 5음구에, 비탈락형이 7음구에 존재하고 모두 정수를 이루고 있다. 반대로 (33)에서는 비탈락형이 5음구에, 탈락형이 7음구에 존재하고 있다.

(31) a. 阿布瀰能瀰[淡海ノ海] 瀬田の渡りに 潜く鳥… (紀歌30)
afuminomi

b. … 鳰鳥の 阿布美能宇美邇 潜きせなわ (記歌38)
afuminoumini

(32) a. 珠に貫く 楝を家に 宇恵多良婆[植エタラバ]…
ufetaraba

(万長17-3910)

b. … 橋だにも 和多之弖安良波[渡シテアラバ]
watacitearaba

その上ゆも… (万長18-4125)

(33) a. 伊可尓安流 布勢の浦そも ここだくに
ikaniaru

君が見せむと われを留むる (万18-4036)

b. 赤駒を打ちて さ緒引き 心引き

伊可奈流勢奈可[如何ナル背ナカ]
ikanarucenaka

吾がり来むといふ (万14-3536)

다음으로 'オモフ(omofu, 思ふ)' 등 특정 동사를 포함하는 형식에서도 B, C그룹과 마찬가지로 탈락에 의해 음수를 조정하는 경향이 나타난다.

(34) a. … 恋ひしけく 日の長けむそ

則許母倍婆[ソコ思ヘバ] 心し痛し… (万長17-4006)
cokomofeba

b. … おぼろかに 己許呂於母比弖[心思ヒテ] 虚言も
kokoroomofite

祖の名断つな　大伴の　氏と名に負へる

大夫の伴 (万長20-4465)

(35) a. 百づ島　足柄小舟　歩行多み　目こそ離るらめ

己許呂波毛倍杼[心ハ思ヘド] (万14-3367)
kokorofamofedo

b. 大船に　真楫繁貫き　時待つと

和禮波於毛倍杼[吾ハ思ヘド]
warefaomofedo

月そ経にける (万15-3679)

(36) a. 美夜自呂の　砂丘辺に立てる　貌が花

佐吉伊　曽祢[ナ咲出デソネ]
macakiidecone

隠めて偲はむ (万14-3575)

b. 時時の　花は咲けども　何すれそ　母とふ花の

佐吉泥己受祁牟[咲出来ズケム] (万20-4323)
cakidekojukemu

《표 V》에 탈락형과 비 탈락형 양 형이 존재하는 B・C그룹 및 특정 동사를 포함하는 형식에 대해 정수구와의 관계를 제시한다.

《表 V》 B・C그룹 및 특정 동사를 포함하는 형식

	비탈락형 구			탈락형 구		
	정수구	비정수 구		정수구	비정수 구	
		정수미만	정수초과		정수미만	정수초과
기키가요 (記紀歌謡)	71	0	59	48	5	4
만요슈 장가 (万葉集長歌)	75	0	53	47	0	1
만요슈 단가 (万葉集短歌)	181	0	294	228	0	5
붓소쿠세키카 (仏足石歌)	6	0	14	4	0	0
후도키 가요 (風土記歌謡)	5	0	2	2	0	0

이에 따르면 탈락에 의해 많은 구가 정수 구가 되었으며 전체적으로 비 정수구(주로 정수 초과 구)의 용례 수에 비해 정수 구 쪽이 많다는 것이 확인된다.

이상의 고찰에서 B・C그룹 및 특정 동사를 포함하는 형식에서의 탈락여부는 음수 제약에 좌우되는 일이 많다는 점이 한층 분명해졌다.

그러나 탈락에 의해 정수 구가 되는 예가 많다는 사실이 있는 반면에 한편으로는 비탈락형 정수 초과구도 여전히 많이 존재하고 있다는 사실을 간과할 수 없다. 따라서 탈락에 의한 음수율의 조정은 어떤 조건이 갖춰지면 통일적으로 일제히 일어나는 현상이라 볼 수 없고 하나의 선택 사항이었다고 생각할 수 있다. 비탈락형 정수초과 구가 운문에서 허용된 배경에 대해서는 더 세심한 고찰이 필요하겠지만 본서에서는 이 점에 대해서는 다루지 못했다. 다만 본 고찰에 의해 상대에서 두 형태소 간의 '융합의 지표'였던 모음탈락이 운문에서 음수율의 조정에 적용되었다고 하는 것은 확인되었다고 생각한다.

4 음수율의 조정 조건

그럼 B · C그룹 및 'オモフ(omofu, 思ふ)' 등의 특정 동사를 포함하는 형식에서 탈락에 의한 음수율의 조정이 가능했던 것은 어떠한 사정에 의한 것이었을까? 여기에서는 이 부분에 대해 검토하기로 한다.

4.1 운문 용어로서의 탈락형

운문에서는 'カヘル(kaferu, 蛙)'에 대한 'カハヅ(kafadu)'처럼 구어체에서는 사용되지 않는 노래 말, 즉, '가어(歌語)'라는 것이 존재한다. 이 '가어'에 관해서는 이미 많은 지적이 있어 왔으며 대체로 다음과 같은 관점으로 나눌 수 있다[35].

① 일상어와의 대립이라는 관점
② 특수한 복합어의 존재라는 관점
③ 한자어의 번역이라는 관점

그러나 위의 세 관점은 모두 어휘적인 측면에서의 고찰에 그치고 있다. 모음탈락형에 대해서도 지금까지 '가어'라는 측면에서 고찰된 적이 없다. 그것은 탈락형뿐 아니라 비탈락형도 운문에 쓰였기 때문이다. 하지만 지금까지의 고찰에서 밝혀졌듯이 'オモフ(omofu, 思ふ)' 등의 동사를 포함하는 형식 및 B그룹의 탈락형은 운문에서밖에 존재하지 않았으며, 탈락 여부는 음수 제약에 깊게 좌우되고 있었다. 이러한 탈락형은 운문 전용 탈락형(가어적 존재)으로서 인정해도 좋지 않을까 생각한

35 야마구치(山口佳紀, 1993)『古代日本文體史論考』有精堂, pp49～50.

다. 다시 말하면, 평상시의 구어가 운문에 사용될 때 어구의 길이 조정이라는 측면에서 특수한 고안이 이루어졌다고 보는 것이다. 특히 'オモフ(omofu, 思ふ)'를 포함하는 형식의 경우, 탈락 현상이 쇠퇴하는 중고(中古) 이후의 문헌에서도 탈락형을 볼 수 있지만 그것은 와카(和歌)에 사용된 경우에 한정되며 산문 자료에는 나타나지 않는다.

(37) a. いのりくる かざまともふを あやなくも かもめさへだに なみとみゆらん (土佐・2月5日)

b. なげきあまり うきみぞいまは なつかしき きみゆゑものを おもふともへば (二條為遠筆本金葉和歌集・巻7・恋上・藤原秀道朝臣)

그런데 어구(語句)의 길이 조정이 필요하게 되더라도 그것에 의해 의미의 전달에 지장이 발생하면 곤란하다. 'ワガイヘ(wagaife)'가 'ワギヘ(wagife)'가 되거나 'アガオモフ(agaomofu)'가 'アガモフ(agamofu)'가 된다는 것은 어형에 손상이 가해지는 것을 의미한다. 그러한 점에서 볼 때 A그룹의 일반적인 탈락형의 경우에는 예문(38)과 같이 결합하는 부분이 1음절이 됨으로서 전항 단어와 후항 단어 양쪽의 어형에 손상을 입고 있다[36]. 그러나 B그룹의 경우를 보면 예문 (39)처럼 부속어 앞에 접속하는 단어에 손상을 입히지 않고 있으며 'オモフ'와 같은 동사인 경우에도 예문 (30)과 같이 동사 앞에 접속하는 부분의 어형에 손상을 가하고 있지 않다.

---

36 'オモフ'와 같은 동사를 포함하는 형식 이외에서 뒤에 접속하는 단어의 어두 모음음절이 탈락하는 경우는 'ミマ(御馬)' 'コマ(子馬)' 'コム(子生)' 'ヌギツ(脱棄)'에 국한된다.

(38) a. トコ(toko, 常)＋イハ(ifa, 磐)＞トキハ(tokifa)
b. アラ(ara, 荒)＋イソ(ico, 磯)＞アリソ(arico)

(39) a. ワ(wa, 吾)＋ガ(ga)＋イモ(妹)＞ワギモ(wagimo)
b. ユク(yuku, 行)＋ト(to)＋イフ(ifu, 言ふ)＞ユクチフ(yukutifu)

(40) a. アレ(are, 吾)＋オモフ(omofu, 思ふ)＞アレモフ(aremofu)
b. イロ(iro, 色)＋ニ(ni)＋イヅ(idu, 出づ)＞イロニヅ(ironidu)

이처럼 탈락해도 전반, 후반 중 어느 한 쪽밖에 손상을 주지않는 만큼 ― 실제로는 후반 부분밖에 손상을 입히지 않는 만큼 ― 탈락형이 되더라도 A그룹의 일반 탈락형에 비해 원래의 어형 형태로의 복원이 비교적 용이했다고 볼 수 있다.

게다가 'モフ(mofu)' 'ヅ(du)'의 경우에는 동음이 충돌하는 단어가 사실상 존재하지 않기 때문에 의미의 혼란을 가져올 우려는 더군다나 없었을 것으로 보인다. 즉, 'モフ(mofu)'의 경우에 활용형 'モハ(mofa)' 'モヒ(mofi)' 와 같은 어형인 '藻' '椀'는 존재하지만 모두 명사이며 문맥상 'オモフ'로 잘못 인식될 일은 없었을 것이다. 'ヅ(du)'의 경우에도 상대에는 '어두에 탁음이 오는 일이 없다'는 음소 배열 법칙(phonotactics)이 강하게 작용하고 있어서 'イヅ(idu)'에서 'イ(i)'가 탈락한 'ヅ(du)'와 동음인 단어는 존재하지 않는다. 따라서 'モフ'나 'ヅ'에서 본래 어형 'オモフ(omofu)' 'イヅ(idu)'를 연상하는 일은 그다지 어려운 일은 아니었을 것이다.

이처럼 어두 음절이 탈락하더라도 의미의 혼란이 발생하지 않기 때문에 'オモフ(omofu)・モフ(mofu)' 'イヅ(idu)・ヅ(du)'는 동일한 단어로 존재할 수 있게 되고 사용되는 상황에 따라 어느 한 쪽을 선택할 수 있었을 것으로 사료된다. 다시 말해서 'モフ(mofu)'와 'ヅ(du)'는 운문 용어(韻文 用語)로서 사용되고 음수율의 조정을 꾀했다고 하겠다.

이상에서 운문에서만 보이는 탈락형을 중심으로 음수율의 조정을 가능하게 한 조건에 대해서 고찰하여 보았다. 'オモフ(omofu, 思ふ)'와 같은 동사를 포함하는 형식 및 B그룹은 각각 탈락형이 원래의 모양으로의 복원이 가능했기 때문에 탈락에 의해서 음수율의 조정을 가능하게 하였을 것이다. 그렇게 함으로써 운문에서는 가어(歌語)라는 특수 어휘를 사용하는데 그치지 않고 보통 구두어도 길이 면에서 조정을 꾀하여 운문 용어로서 사용했다고 본다.

4.2 [~アリ(ari)]형의 문체적 제약

C그룹([~アリ(ari)]형)에 대해서는 음수율 면에서만 탈락형과 비탈락형의 대립을 설명할 수는 없다. 그것은 'ニアリ(niari)・テアリ(teari)'의 탈락형인 'ナリ(nari)・タリ(tari)'가 운문 자료 뿐 아니라 산문 자료에서도 나타나기 때문이다. 단 산문에서 'ナリ(nari)・タリ(tari)'의 사용빈도는 낮고 반대로 운문, 그 중에서도 『만요슈(万葉集)』의 단가에서 높은 빈도를 보이고 있다. 이러한 점에 대해 가스가 가즈오(春日和男, 1968)[37]은 다음과 같이 서술하고 있다.

> 요컨대 タリ(tari)는 운문에서의 박자를 맞추는 역할을 하면서 발달하여 점차 산문 영역으로 들어가게 된 것이 아닐까. 동시에 テアリ(teari)는 원래 일상 구두어 내지는 산문 용법으로서 한편에서 존재하였고 그것이 우연히도 고지키(古事記)의 산문 속에도 나타나게 된 연유일 것이다. 더구나 그것은 또한 무의식중에 그대로 답습되었을 것으로 보이는데 적어도

37 가스가 가즈오(春日和男, 1968)『存在詞に関する研究』, p239.

> 만요슈(万葉集)가 만들어졌을 당시에는 teari는 산문적 용어였고 tari는 운문적 용어(가어, 歌語)로서 발달한 것이다.
>
> 要するにタリは韻文における調子を整える役割を演じながら發達して、次第に散文の領域に入つて行つたものではなからうか。同時にテアリは元來日常の口頭語ないしは散文用法として一方のに存し、それがたまく古事記の散文の中などにも現れてゐる次第であらう。而もそれは、又無意識の中にそのま 踏襲されてゐたらしく思はれる。少なくとも萬葉集の頃にあつては、テアリは散文的用語であり、タリは韻文的用語（歌語）として發達したものなのである。 [p239]

다시 말해서 탈락형이 운문에서 발달하여 구두어 내지 산문으로 퍼져나갔다고 보는 견해이다. 그러나 'ナリ(nari)・タリ(tari)'를 운문에서 발달한 단어라고 판단하기 전에 문체의 차이에 따라 쓰이는 어형의 사용 빈도에 차이가 있었다고 하는 점에 좀 더 주의를 기울여 보아야 할 것이다.

예를 들면, 같은 산문자료라도 센묘(宣命)에서 나타나는 [~アリ]형의 경우, 비 탈락형 'ニアリ(niari)' 'テアリ(teari)'의 사용이 현저하게 많지만 탈락형 'ナリ(nari)' 'タリ(tari)'도 다른 산문 자료에 비해 상대적으로 많이 나타난다. 많은 선행연구에서 지적하고 있는 바와 같이, 센묘는 본래 구두로 사람들 앞에서 낭독되는 성질을 지닌 글이었으며 구송적(口誦的)이고 대인적(對人的)인 성질을 띠는 언어였다. 그러나 한편으로는 왕의 명령을 전달한다는 문체적인 특성 때문에 격식 있는 단어가 선택되기 쉽고 고풍스런 표현 형식이 선택되는 보수적인 측면도 지녔을 것으로 보인다. 그 때문에 'ニアリ(niari)' 'テアリ(teari)'에서 발생한 'ナリ(nari)' 'タリ(tari)'라는 새로운 어형이 구두어에서도 널리 퍼져 있었지만, 보수적인 센묘에서 새로운 어형을 사용하기란 쉽지 않았을 터이고 비탈락형인 'ニアリ(niari)' 'テアリ(teari)' 쪽이 더 많이 선택되었을 것이다.

또한, 운문에서의 [~アリ(ari)]형을 보면 탈락 여부는 음수율의 조정과 깊은 관계가 있으며 음수율의 조정 때문에 비탈락형이 사용되는 경우도 있다(예문 (26) (27) 참조). 당시의 'ナリ(nari)' 'タリ(tari)'가 'ニアリ(niari)' 'テアリ(teari)'와 동등한 상태 — 구두어의 단아한 문체에서도 동시에 허용되는 어형 — 이 아니었다면 구의 길이에 따라 선택되는 어형이 다르다는 것은 불가능했을 것이다. 산문에 비하여 운문에 [~アリ(ari)]형의 탈락형이 빈번히 등장했던 것은 탈락형이 비 탈락형과 공존하고 있던 단계에서 정수를 넘기는 구(자수초과 구) 같은 경우에는 탈락형을, 그렇지 않은 경우에는 비탈락형을 선택한다는, 양쪽의 선택 여지가 있었기 때문이라고 보아야 할 것이다.

5 정리

지금까지 상대일본어의 모음탈락 현상에 대하여 문체적인 측면을 중시하여 살펴보았다. 특히 운문에서의 음수 제약과 모음 탈락형의 발생 관계에 대하여 밝혔다. 고찰 내용을 정리하면 다음과 같다.

① A그룹의 경우, 'オモフ(omofu, 思ふ)' 등 특정 동사를 포함하는 형식을 제외하면 탈락형인지 비탈락형인지가 일정하게 정해져 있으며, B · C그룹과는 달리 탈락이 음수 제약에 좌우되는 일이 없다.

② 운문에서의 B · C그룹, 그리고 특정 동사를 포함하는 형식의 모음탈락에서는 음수율의 조정과 밀접한 관계가 있다. 즉, 탈락에 의해 정수구가 되는 경우에는 탈락형이 사용되는 경우가 있지만 탈락하면 정수

를 충족시키지 못하는 일이 생길 경우에는 탈락이 회피되고 비탈락형이 사용된다.

③ C그룹([~アリ(ari)]형)의 경우에 구두어에서 이미 탈락형이 발달하여 비탈락형과 공존 상태에 있었던 것으로 보인다. 센묘(宣命)과 같이 정중하고 공식적인 문장에는 formal한 성격을 가진 비탈락형이 사용되기 쉽고 운문에서는 음수율의 조정에 맞춘 형태가 선택되는 경향이 있었다.

이상의 고찰에서 운문에서의 모음탈락을 산문 및 당시의 구두어에서 보이는 모음탈락과 동일시해서 판단하면 안 된다는 것이 확인되었다고 생각한다.

그러나 남겨진 과제도 있다. 하나는, A그룹처럼 음수 제약과 분리해서 생각해야 하는 탈락형 용례에 대한 검토이다. 또 하나는, 왜 모음탈락에 의한 음수율의 조정이 상대에서만 활발히 이루어지고 중고 시대 이후에 쇠퇴해 갔는가 하는 부분에 대한 검토이다. 이러한 과제에 대해서는 제5장 악센트와의 관련에서 자세히 음미해 보기로 한다.

제4장

모음탈락의 방식

− 자훈차용(字訓借用) 가나 표기와의 관련성 −

1. 들어가기
2. 모음탈락 법칙에 대한 제 연구
3. 모음탈락의 양상
4. 모음탈락 전제 자훈차용 가나 표기의 경우
5. 정리

고대일본어의 음 탈락 연구

제4장

모음탈락의 방식

– 자훈차용(字訓借用) 가나 표기와의 관련성 –

들어가기

제3장에서는 상대일본어의 모음탈락에 대하여 문체적 특징을 고려할 필요성을 검증하고, 아울러 부속어를 포함하는 형식이나 'オモフ(omofu, 思ふ) / イヅ(idu, 出づ)'등과 같은 특정 동사를 포함하는 형식에 대해서 음수율의 제약을 받아 탈락이 일어나고 있음을 밝혔다.

본 장에서는 상대의 구두 일본어에서 존재한 모음 탈락형이 어떠한 형태로 탈락이 이루어졌는지 — 전항요소의 말미음절 모음이 탈락하는지 후항요소의 어두 모음음절이 탈락하는지 — 에 대하여 검토하고, 음수 제약을 받은 경우나 모음탈락을 전제로 한 자훈차용(字訓借用) 표기의 양상과 비교하면서 고찰한다.

2 모음탈락 법칙에 대한 제 연구

제2장에서 지적한 바와 같이 모음탈락의 법칙에 관해서는 크게 다음 두 가지 줄기로 나뉘어 연구가 진행되어 왔다.

Ⅰ 모음의 향도 및 광협을 탈락의 기준으로 삼는 입장

Ⅱ 선행요소에서의 말미음절 모음이 탈락하는 것을 원칙으로 하는 입장

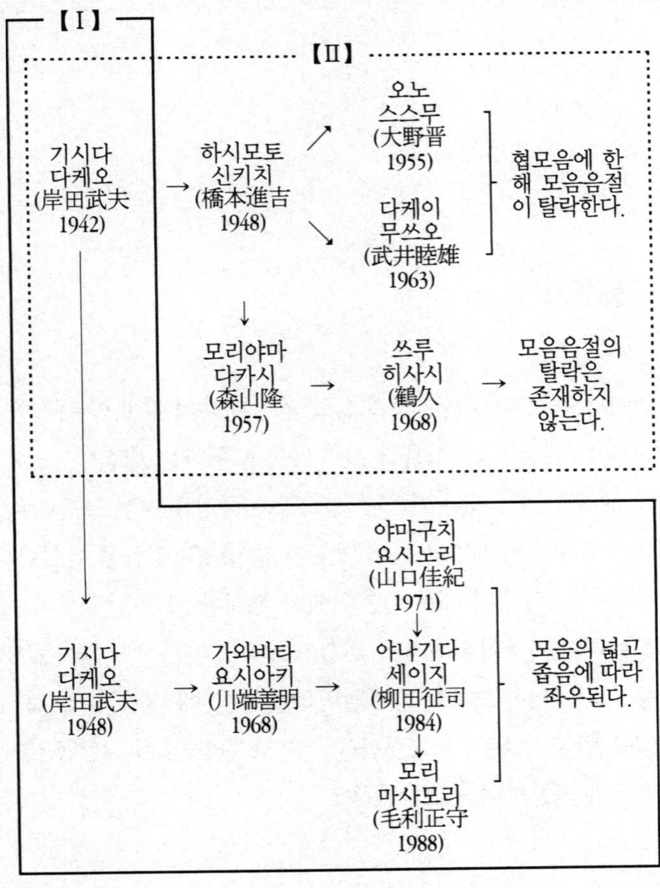

즉, [$\cdots CV_1CV_2+V_3CV_4\cdots$](C는 자음,V는 모음)에서, 【Ⅰ】은 /a>o>e>u>i/ 순으로 모음의 울림이 작아지고 /a/ 쪽으로 갈수록 광모음(廣母音), /i/ 쪽으로 갈수록 협모음(狹母音)이 되는데, 전항요소의 말미음절 모음(V_2)과 후항요소의 어두 모음음절(V_3) 중에서 어느 쪽이 상대적으로 광모음인가에 따라 탈락이 정해진다는 견해이다. 예를 들면,

(1) a. [i<u] kuni̲(国) + u̲ti(内) → kunu̲ti(国内)
b. [e>i] fanare̲(離) + i̲co(礒) → fanare̲co(離礒)

에서 (1)a는 /i/가 /u/보다 상대적으로 협모음이므로 /i/의 탈락이 일어나고 (1)b는 /e/가/i/보다 상대적으로 광모음이므로 /i/의 탈락을 본다는 것이다. 물론, V_2와 V_3사이에 존재하는 기본원칙 이외에도 V_1과 V_4의 영향 또한 고려해야할 부분이며 이차 원칙으로 간주하기도 한다[38].

한편, 【Ⅱ】의 경우는 다시 후항요소에서의 어두 모음음절이 협모음(狹母音)인 경우를 예외로 삼는 입장(【Ⅱ-1】)[39]과, 후항요소의 어두 모음음절의 탈락이 사실은 탈락이 아니라 단어 형성의 문제로 취급해야 함을 주장하는 입장(【Ⅱ-2】)[40]으로 나뉜다. 【[Ⅱ-1】은 부분적으로 【Ⅰ】의 입장을 수용한 것으로 (2)처럼 후항 요소의 어두 모음음절이 협모음인 경우에 한해 V_3의 탈락을 본다는 것이다.

(2) o>u ko̲(子) + u̲mu(生) → ko̲mu

【Ⅱ-2】는 (3)와 같이 'オモフ(omofu)'의 어두 모음음절 /o/ 쪽이 'ア

38 $V_1=V_2$, $V_3=V_4$일 때에 V_2와V_3의 탈락을 볼 수 있다(야마구치(山口, 1971), 야나기다(柳田, 1984) 등 참조).
39 하시모토(橋本, 1948), 오노(大野, 1955) 등.
40 모리야마(森山, 1957) 등.

レ(are)'의 말미음절 모음 /e/보다 광모음인데도 불구하고 탈락이 일어나고 있다는 사실 때문에 (3)과 같은 예들을 모음탈락 현상으로 보지 않고 'モフ(mofu)'를 'オモフ(omofu)'의 전신(前身)으로 보아 단어형성 과정에서의 문제로 처리하는 견해이다.

(3) e＜o are(吾) + mofu(オモフ(omofu, 思ふ)의 전신)
→ aremofu(吾思ふ)

한편, 【Ⅰ】의 입장은 a＞o＞e＞u＞i 순서대로 울림의 정도가 낮아지고 광모음(廣母音)에서 협모음으로 바뀌게 되는데 협모음이면서 울림의 정도가 낮은 모음일수록 탈락이 일어나기 쉽다는 입장이다. 현재는 기시다(岸田, 1948) 설을 정리하고 보충한 야마다(山田, 1971), 야나기다(柳田, 1984)의 입장이 널리 지지를 얻고 있다. 【Ⅱ】의 입장에 의하면 예를 들어 'アライソ(araico, 荒磯)＞アリソ(arico)'와 'ワガイモ(wagaimo, 吾が妹)＞ワギモ(wagimo)' 'ハンレイソ(fanareco, 離磯)＞ハナレソ(fanareco)'와 'アガオモフ(agaomofu, 吾が思ふ)＞アガモフ(agamofu)'등이 동일한 원리로 설명할 수 있다는 입장에서 설명하고 있다.

그런데, 위 그림에 언급된 여러 연구들의 입장에는 다음과 같은 문제점을 내포하고 있다.

첫째, 상대 일본어에서 일반적인 모음탈락과, 운문이라는 문체적 특징을 반영하고 있는 모음탈락에서 탈락의 양상이 다를 가능성을 고려하지 않고 있다는 점이다. 특히 Ⅰ의 '모음의 향도 및 광협'을 원칙으로 하고 있는 입장에서는 모음탈락이 일정한 음 환경이 갖춰지면 규칙적으로 일어난다고 하는 전제하에 모음탈락 현상을 보고 있는데, 제3장에서 살펴본 바와 같이 상대 문헌에 나타나는 모음탈락에는 문체적인

제약에 따라 탈락이 일어난 것으로 보이는 용례가 있었다. 특히 'イモガイヘ(imogaife, 妹が家)>イモガヘ(imogafe)'나 'アガオモフ(agaomofu, 吾が思ふ)>アガモフ(agamofu)' 등은 운문 속에서 음수율의 조정을 받았을 것으로 보인다. 그러한 탈락형에서 모음탈락이 어떠한 형태로 이루어지고 있는가에 대해서도 주목할 필요가 있다고 본다.

둘째, 대부분의 선행연구의 견해가 모음탈락을 전제로 한 자훈차용가나 표기(예를 들면 '湯石恐石[yuyucikacikoci, 由由し賢し](万6-1020)' '朝入為流[acaricuru, 漁りする](万7-1186)'. 이하, '모음탈락 전제 표기'[41]라 부르기로 한다)를 포함하고 있는데, 일반 모음탈락 현상과 동일한 원리가 작용하고 있는 용례로 간주하고 있다는 점이다. 그러한 표기상에서의 탈락을 전제로 하는 표기와 음운현상으로서의 모음탈락을 동일시할 수는 없다. 왜냐하면 모음탈락 전제 표기의 경우에는 노래의 문맥에 관계하는 표현성을 지향하기 위하여 표기법의 하나로 정착했을 가능성이 있기 때문이다.

3절부터는 일반 모음 탈락형에서의 탈락 양상과, 운문이라는 문체적 특징을 반영하면서 동시에 운문 속에서밖에 존재하지 않았던 탈락형, 그리고 '모음탈락 전제 표기'에서의 탈락 양상 사이에 어떠한 차이가 있는지에 대하여 구체적으로 검토해 보기로 한다.

41 요시이 겐(吉井健, 1994)는 '순차적으로 읽었을 때에 모음의 연속을 발생시키고 결국 그 연속한 모음 중 하나가 탈락하는 형태로 읽혀지는(逐次的に訓んだときに母音の連続を生じ、結局その連続の一方が脱落するという形で訓まれる)' 형태의 표기를 '모음탈락 상정표기(母音脱落想定表記)'라 명명하고 있는데, 본서에서는 이를 차용하여 '모음탈락 전제 표기'라 부르기로 한다.

3 모음탈락의 양상

3.1. 모음탈락이 일어나는 위치

제3장에서 살펴본 바와 같이 모음탈락의 경우 단어 구성의 차이에 따라 탈락형과 비탈락형의 관계가 달라지는 경향이 있으므로 다음과 같이 용례를 세 그룹으로 나누어 고찰하였다.

A 그룹 : 단어+모음음절로 시작되는 단어
B 그룹 : 단어+부속어(조사)+모음음절로 시작되는 단어
C 그룹 : 단어(조사 또는 형용사 연용형)+アリ(ari)

A 그룹은 항상 탈락형만이 문헌에 나타나며 음수율에 관계없이 탈락한 경우이다. B 그룹은 단가(短歌)와 같이 5/7음구에서 자수초과(字余り)를 회피하기 위하여 탈락한 경우이다. C 그룹은 A 그룹과 B 그룹 양쪽의 경향을 모두 지니고 있으며 음수 제약을 받고 있으나 구두 일본어에서도 탈락형이 존재하는 경우이다.

그런데, 위와 같은 분류는 탈락의 양상을 고찰하는데도 유효한 분류 방법이라 볼 수 있다. 먼저, A 그룹('イヅ(idu, 出づ)' 'オモフ(omofu, 思ふ)' 등 특정한 동사를 포함하는 경우를 제외함)의 경우를 보면 선행 요소의 말미음절의 모음이 탈락하는 경우가 일반적임을 알 수 있다.

(4) a. アライソ(araico, 荒磯)>アリソ(arico)

渋谷の　崎の安里蘇(アリソ)に　寄する波
cakinoariconi
いやしくしくに古おもほゆ　(万17-3986)

b. アラウミ(araumi, 荒海)＞アルミ(arumi)

大船を 安流美(アルミ)に出し います君
aruminiidaci

つつむことなく 早帰りせ (万葉集15-3582)

c. クニウチ(kuniuti, 国内)＞クヌチ(kunuti)

悔しかも かく知らませば あをによし

久奴知(クヌチ)ことごと 見せましものを (万5-797)
kunutikotogoto

선행요소의 어두 모음음절이 탈락하는 경우는 (5)-(7)에 국한된다.

(5) a. ハナレイソ(fanareico, 離磯)＞ハナレソ(fanareco)

波奈礼蘇(ハナレソ)に 立てるむろの木 うたがたも
fanareconi

久しき時を 過ぎにけるかも (万15-3600)

畳薦 牟良自が磯の 波奈利蘇(ハナリソ)の
fanaricono

母を離れて 行くが悲しさ (万20-4338)

b. コトイタシ(kotoitaci, 言痛)＞コチタシ(kotitaci)

韓衣 裾のうち交ひ あはなへば

寝なへの故に 許等多可利(コトタカリ)つも (万14-3482, 或本歌)
kototakaritumo

許智多鶏(コチタケ)ば 小泊瀬山の 石城にも… (風土記1)
kotitakeba

(6) a. ヌキウツ(nukiutu, 脱棄)＞ヌキツ(nukitu)

…穿沓を 奴伎都流(ヌキつる)ごとく 踏み脱きて
nukiturugotoku

行くちふ人は… (万5-800)

…辺つ波　背に奴伎宇弖　鳥の青き御衣を…　(記歌4)
coninukiute

b. サザレイシ(cajareici, 細石)＞サザレシ(cajareci)

信濃なる　筑摩の川の　左射禮思も
cajarecimo

君し踏みてば　玉と拾はむ　(万14-3400)

左射礼伊思に　駒を馳させて　心痛み
cajareicini

吾が思ふ妹が　家の邊かも　(万14-3542)

c. コウマ(kouma, 子馬)＞コマ(koma)

馬柵越し　麦食む古麻の　はつはつに
mugifamukomano

新膚触れし　児ろし愛しも　(万14-3537)

(7) a. ミウマ(miuma, 御馬)＞ミマ(mima)

人もねの　うらぶれ居るに　龍田山

美麻近づかば　忘らしなむか　(万5-877)
mimatikadukaba

b. コウム(koumu, 子生)む＞コム(komu)

…そらみつ　大和の国に　雁古牟と聞くや　(記歌71)
karikomatokikaya

c. カレイヒ(kareifi, 乾飯)＞カレヒ(karefi)

常知らぬ　道の長手を　くれくれと

如何にか行かむ　可例比は無しに　(万5-888, 一云)
karefifanacini

(5)는 전항요소에서 말미음절 모음이 탈락하는 예도 함께 갖고 있는 경우이다. (6)은 탈락형과 비탈락형이 함께 공존해 있는 경우이다. (7)a와 (7)b는 전항요소가 1음절인 탓에 후항요소의 어두 모음음절이 탈락

했을 것으로 보이는 예이다. 이처럼 탈락형이 완전히 고정되어 있지 않은 경우나 전항요소의 말미음절 모음의 탈락이 불가능한 경우에 한해서 후항요소의 어두 모음음절의 탈락이 일어나기 쉽다.

다음으로 구두어에서 탈락형과 비탈락형이 공존했을 것으로 보이는 C 그룹에 속하는 탈락형을 보면 모두 선행요소에서의 말미음절 모음이 탈락하고 있음을 알 수 있다.

(8) a. ニアリ(niari)＞ナリ(nari)

赤駒を　打ちてさ緒引き　心引き

伊可奈流(イカナル)背なか　吾がり来むといふ　(万14-3536)
ikanarucenaka

伊可尓安流(イカニアル)　布施の浦そも　ここだくに
ikaniaru

君が見せむと　われを留むる　(万18-4036)

b. テアリ(teari)＞タリ(tari)

珠に貫く　棟(あふち)を家に　植ゑ**多良**(タラ)ば…　(万長17-3910)
uwetaraba

…橋だにも　渡し**弖安良**(テアラ)ば　その上ゆも…　(万長18-4125)
watacitearaba

c. ズアリ＞ザリ

あらたまの　年の緒長く　逢は**射礼**(ザレ)ど
afajaredo

異しき心を　吾が思はなくに　(万15-3775)

磯の間ゆ　激つ山川　絶え**受安良**(ズアラ)ば
tayeduaraba

またもあひ見む　秋かたまけて　(万15-3619)

d. クアリ＞カリ

我妹子が　形見の衣　な**可理**(カリ)せば
nakariceba

何物もてか　命継がまし　(万15-3733)

クアレ
遠久安礼ば　一日一夜も　思はずて
towokuareba

あるらむものと　思ほしめすな　(万15-3736)

한편, B 그룹에 속하는 탈락형은 A 그룹과 C 그룹에서 선행요소의 말미음절의 모음이 탈락하는 경우가 보통인데 반해서 (9)과 같이 선행요소(부속어)의 말미음절 모음이 탈락하는 경우와, 후행요소의 어두 모음음절이 탈락하는 경우가 동시에 나타나는 경향도 있다. 그러나 대부분이 후속요소의 어두 모음음절이 탈락하는 예이다.

(9) a. ～ガ家

[吾ガ家, wagaife]

ワギヘ
春されば　和伎覇の里の　川門には
wagifenocatono

鮎児さ走る　君待ちがてに　(万葉集5-859)

梅の花　今咲ける如　散り過ぎず

ワガヘ
和我覇の園に　ありこせぬかも　(万5-816)
wagafenocononi

[妹ガ妹, imogaife]

イモガヘ
伊母我陛に　雪かも降ると…　(万葉集5-844)
imogafeni

イモガイヘ
伊母我伊敝に　伊久里の森の　藤の花…　(万17-3952)
imogaifeni

b. ～ノ妹

[吾ガ妹, wagaimo]

山川を　中に隔りて　遠くとも

ワギモ
心を近く　思ほせ和伎母　(万15-3764)
omofocewagimo

[家ノ妹, ifenoimo]

旅と云　真旅になりぬ　以弊乃母(イヘノモ)が
ifenomoga

着せし衣に　垢つきにかり　(万20-4388)

あり衣　さゑさゑしみづ　伊敝能伊母(イヘノイモ)に
ifenoimoni

もの言はず来にて思ひ苦しも　(万14-3481)

c. ～ノ海

[淡海ノ海, afuminoumi]

阿布瀰能瀰(アフミノミ)　瀬田の渡りに　潜く鳥…　(記歌30)
afuminomi

…鳰鳥(ニホドリ)の　阿布美能宇美(アフミノウミ)に　潜きせなわ　(記歌38)
afuminoumini

d. ～ノ上

[峰ノ上, wonoufe]

見渡せば　向かつ乎能倍(ヲノヘ)の　花にほひ
mukatuwonofeno

照りて立てるは　愛しき誰が妻　(万20-4397)

あしひきの　八峰能宇倍(ヤツヲノウヘ)の　樛(つが)の木の
yatuwonoufeno

いや継ぎ継ぎに…　(万長19-4266)

한편, ‘オモフ(omofu, 思ふ)・イヅ(idu, 出づ)’등 특정한 동사를 포함하는 형식의 경우에도 비탈락형을 함께 볼 수 있는데, 후속단어의 어두 모음음절이 탈락하는 것이 일반적이다.

(10) a. [～思フ]

…恋しけく　日(け)の長けむそ

則許母倍ば[ソコ思ヘバ] (万長17-4006)
cokomofeba

梓弓檀 い伐らむと 許許呂波母閇ど[心ハ思ヘド](記歌51)
kokorofamofedo

b. [～出ヅ]

里人の 見る目恥づかし 左夫流児に

さどはす君が 美夜泥之理夫利[宮出後風]
miyadeciriburi

(万18-4108)

…誰やし人も 紆陪儞泥堤那皚矩[上ニ出テ嘆ク]
ufenidetenageku

(紀歌97)

c. [～飢ウ]

…戦へば 和禮波夜恵奴([吾ハヤ飢エヌ] 島つ鳥…(記歌14)
warefayawenu

しなてる 片岡山に 伊比爾恵弖[飯ニ飢エテ]
ifiniwete

臥せる その旅人あはれ (紀歌104)

d. [～言フ]

水鳥の 発ちの急ぎに 父母に 毛能波須[物言はず] 来にて
monofajukenite

今ぞ悔しき (万20-4337)

…御櫛笥に 貯ひ置きて 伊都久等布[斎くと言ふ]…
itukutofu

(万長19-4220)

특히(10)a의 [～思フ(omofu)]나 (10)c의 [～飢ウ(uu)]는 어두 모음음절도 탈락하는 경우밖에 문헌에서 나타나지 않는다.(10)b의 [～出ヅ]의 경우도 선행요소의 말미음절이 탈락하는 경우도 나타나는 것은 전체

46용례 중에 (11)a의 한 예에 지나지 않는다(나머지 용례들은 선행요소의 말미음절 모음이 [i]인 경우가 36용례, 후항요소에서의 어두 모음음절이 탈락하는 경우 9용례). (10)d의 [～言フ(ifu)]의 경우에는 [～ト(to)＋言フ(ifu)]라는 형식에서만 (11)b [～チフ(tifu)]라는 선행요소의 말미음절 모음이 탈락하는 케이스가 보인다.

(11) a. [～言出ヅ]

足柄の　御坂畏み　曇夜の　吾が下延へを

許知弖都流可毛[言出ツルカモ] (万14-3371)
kotideturukamo

cf) 川上の　根白高草　あやにあやに　さ寝さ寝てこそ

己登尓弖尓思可[言ニ出ニシカ] (万14-3497)
kotonidenicika

b. [～ト言フ]

…穿沓を 脱き棄つるごとく 踏み脱きて

由久知布比等波[行クト言フ人ハ]… (万長5-800)
yukutifufitofa

이상, 음수 제약을 받지 않는 A 그룹 및, 음수제약을 받기는 하나 구두어에서 탈락형과 비탈락형이 공존했을 것으로 보이는 C 그룹 탈락형의 경우에는 선행요소의 말미음절 모음이 탈락하는 것이 일반적이라는 점, 이에 반해 음수제약을 받아 탈락한 것으로 보이는 B 그룹 및 'オモウ(omofu, 思ふ)・イヅ(idu, 出づ)' 등 특정한 동사를 포함하는 형식은 선행요소의 말미음절 모음의 탈락형도 보이지만 문체적 제약이 있고 없고에 따라 탈락하는 부분의 다르다는 것을 알 수 있다. 3.2에서는 왜 그러한 차이가 보이는지에 대해 고찰한다.

3.2 의미 전달을 중시한 탈락 형식

음수제약을 받지 않는 A 그룹의 경우, 탈락형만이 문헌에 나타나는 경향이 강하고 한 단어로서 고정화된 복합어였을 것으로 보이나 한 단어화를 표시하는 데에는 선행요소에서의 말미음절 모음이 탈락하든 후행요소의 어두 모음음절이 탈락하든 변함은 없을 것이다. 그러나 3.1에서 밝혀진 바와 같이 A 그룹은 선행요소의 말미 음절의 모음이 탈락하는 것이 일반적이다.

(12) a. トコ(toko, 常)＋イハ(ifa, 磐)＞トキハ[tok+ifa]
　　 b. アラ(ara, 荒)＋イソ(ico, 磯)＞アリソ[ar+ico]

선행요소의 말미음절 모음이 탈락하는 경우, (12)처럼 결합하는 부분이 한 음절이 됨으로서 선행요소 후행요소가 양쪽 모두 손상을 받고 있다. 그런데, 후행요소 쪽은 선행요소의 말미음절 자음과 결합함으로써 불완전하지만 어형을 보존하게 된다. 이러한 사실은 일본어의 복합어 대부분이 다음과 같은 경향을 지닌 것과 관련지어서 생각해볼 필요가 있다.

> 복합어 구성요소 간의 문법적 관계나 어순 등은 일본어의 신택스를 그대로 반영하며 그 관계에는 (1)선행요소가 수식어나 보족어가 되어 후행요소를 한정하는 것, (2)둘 이상의 요소가 쌍을 이루어 이어진 것, [3]두 요소가 같은 성분이 반복되는 경우, 의 세 가지를 생각할 수 있다. 복합어의 대부분을 점하고 있는 것은 (1)이고, 의미의 중심은 후행요소에 있으며 품사도 후행요소에 의해 결정된다.
>
> 複合語構成要素間の文法的関係や語順などは、国語のシンタックスをそのまま反映して、その関係には[一]先行要素が修飾語や補

> 足語となって後行要素を限定するもの、[二]二つ以上の要素が対になって並ぶもの、[三]ニ要素が同じ成分のくりかえしであるもの、の三つが考えられる。複合語の大対部分を占めるものは[一]であって、意味の中心は後行要素にあり、その品詞も後行要素によって決定される。 [p743][42]

즉, 일본어에서의 복합어의 경우에 [수식어(보족어)+피수식어] 관계에 있는 것들이 가장 많고 의미의 비중은 후반부에 있는 경우가 보통이라는 것이다. 이러한 복합어에서 선행요소에서의 말미음절 모음이 탈락하는 경우가 많이 나타난다는 것은 의미의 중심인 후행요소의 어형을 살리는 방향으로 탈락이 이루어졌기 때문이 아닐까 생각한다. 그리고 (5)~(7)처럼 후행요소의 어두 모음음절이 탈락하는 경우는 선행요소 어형이 보존될 뭔가의 이유가 존재했을 것으로 보인다. 예를 들면 '~ウマ(uma, 馬)'라는 단어구성에서는 'ハヤウマ(fayauma, 早馬)>ハユマ(fayuma)'라는 탈락형이 있는데 반해, 선행요소가 1음절 단어인 경우에는 (6)c コウマ(kouma, 子馬)>コマ(koma), (7)a ミウマ(miuma, 御馬)>ミマ(mima) 처럼 선행요소의 어형을 보존하는 형태로 탈락이 일어나고 있는 것이다.

한편, C 그룹의 경우에는 선행요소가 1음절로 된 부속어임에도 불구하고 선행요소의 말미음절 모음이 탈락하고 있다. 이것은 'ナリ(nari)・タリ(tari)・ザリ(jari)' 및 '~カリ(kari)' 등이 조동사・형용사 어미로써 정착되는 고정에서 [有り]와 동일한 활용 형식을 가지고 있다는 것을 표시(標示)하기 위해서라고 볼 수 있다.

이처럼, A 그룹과 C 그룹과는 달리, 후행요소 어두 모음음절이 탈락하는 쪽이 많이 나타나는 B 그룹 및 'オモフ(omofu, 思ふ)・イヅ(idu,

42 사카쿠라 아쓰요시(坂倉篤義, 1975), p743.

出づ)' 등 특정한 단어를 포함하는 형식에 대해 검토해 보자.

B 그룹 및 'オモフ(omofu, 思ふ)・イヅ(odu, 出づ)' 등 특정한 단어를 포함하는 형식인 경우에 음수 제약에 의해 어구(語句)의 길이 조정이 일어난 셈인데, 그 때문에 의미의 전달에 지장을 초래하지는 않는다. 3.1에서 고찰한 바와 같이 B 그룹의 경우에는 선행요소에서의 말미음절 모음이 탈락하는 케이스와, 후행요소의 어두 모음음절이 탈락하는 케이스의 양 쪽 형태가 나타나는데, 어느 쪽도 선행요소(조사)에 전접(前接)하는 단어(예를 들면 (13)의 'ワ(吾)' 'イヘ(家)')에 손상을 가하고 있지 않다.

(13) a. ワ(wa, 吾)＋ガ(ga)＋イモ(imo, 妹)＞ワギモ(wagimo)
b. イヘ(ife, 家)＋ノ(no)＋イモ(imo, 妹)＞イヘノモ(ifenomo)

'オモフ(omofu, 思ふ)' 등의 경우에도 (14)와 같이 동사에 전접하는 부분의 어형에 손상을 가하고 있지 않다.

(14) a. アレ(are, 吾)＋オモフ(omofu, 思ふ)＞アレモフ(aremofu)
b. イロ(iro, 色)＋ニ＋イヅ(idu, 出づ)＞イロニヅ(ironidu)
c. イヒ(ifi, 飯)＋ニ＋ウウ(uu, 飢う)＞イヒニウ(ifiniu)
d. イヅク(iduku, 斉)＋ト(to)＋イフ(ifu, 言ふ)
＞イヅクトフ(idukutofu)

이처럼 (13) 'ワギモ(wagimo)' 'イヘノモ(ifenomo)'의 경우에는 [~ガ(ga)・イモ(imo)] [~ノ(no)・イモ(imo)]의 부분이, (14)[アレオモフ(aremofu)] [イロニズ(ironidu)]의 경우에는 'オモフ(omofu)' 'イヅ(idu)' 부분에 손상이 가해지는 형태가 된다. 탈락하더라도 전반이나 후

반 어느 한쪽에만 손상이 가해져 있기(실제로는 대부분의 경우에 후반 부분에만 손상이 가해진다)때문에 탈락형이 되더라도 전체적으로 원래의 어구로의 복원이 비교적 용이했다고 볼 수 있다.

단, 1음절로 구성된 부속어를 선행요소로 가지는 일이 많은 B 그룹에서는 후행요소의 어두 모음음절이 탈락하는 쪽이 본래의 어구 복원면에서 바람직한 형태였을 것이다. 그렇기 때문에 후행요소의 어두 모음음절이 탈락하는 형태로 탈락이 이루어지는 일이 많았던 것으로 사료된다.

더불어 ‘オモフ(omofu, 思ふ)’ 등과 같은 특정 동사의 경우에는 어두 모음음절이 탈락함으로써 다른 단어와의 충돌이 일어날 가능성이 없었던 것으로 보인다. 제3장의 4.1에서 밝힌 바와 같이 ‘オモフ(omofu, 思ふ)’의 경우에 활용형‘モハ(mofa)’ ‘モヒ(mofi)’와 동일한 어형을 지닌 ‘藻(mofa)’ ‘椀(mofi)’는 존재하지만 둘 다 명사이며 문맥상 ‘オモフ(omofu, 思ふ)’와 혼동할 가능성은 없었다. ‘ヅ(idu, 出づ)’의 경우에도 상대에서는 ‘어두에 탁음(濁音)이 오는 일이 없다’는 탁음 배열 법칙이 강하게 작용하고 있었기 때문에 ‘イヅidu, 出づ)’에서 ‘イ(i)’가 탈락한 ‘ヅ(du)’와 동음인 단어는 존재하지 않는다(본서 p108～111 참조). 또한, ‘ウ[ヱ](uwe, 飢)’의 경우에는 ‘ウウ(uu, 植)’의 어두 모음음절이 탈락한 형태 ‘ウ[ヱ](uwe)’와, ‘フ(fu, 言)’의 경우에는 ‘アフ(afu, 合・会)’에서의 어두 모음음절이 탈락한 형태 ‘フ(fu)’가 각각 충돌할 가능성을 지닌다. 그러나 실제로는 ‘ウウ(uu, 植)’ ‘アフ(afu, 合・会)’의 경우에는 항상 탈락하지 않는 형태로 문헌에 사용되고 있으며 ‘ウ(u, 飢)’ ‘フ(fu, 言)’와 동음 충돌을 일으키는 일은 없었다.

(15) a. …佐由利比伎宇恵天[小百合引キ植エテ] 咲く花を
cayurifikiuwete
出で見るごとに… (万長18-4113)

b. 比等能宇宇流[人ノ植ウル] 田者宇恵麻佐受[田ハ植エマサズ]
fitonouuru tafauwemacaju
今更に 国別れして 吾はいかにせむ (万15-3746)

(16) a. …まなばしら 袁由岐阿閇[尾行キ合ヘ]… (記歌102)
woyukiafe

b. 松返り しひにてあれかも さ山田の 翁がその日に
母等米安波受家牟[求メ合ハズケム] (万17-4014)
motomeafajukemu

따라서「モフ(mofu)」「ヅ(du)」「フ(fu)」의 경우에 동음 충돌을 일으키는 단어가 사실상 존재하지 않았기 때문에 의미의 혼란을 초래할 우려가 없었다.

이상과 같이 B 그룹 및 'オモフ(omofu, 思ふ)' 등의 동사를 포함하는 형식은 각각 탈락의 원형으로의 복원을 보다 용이하게 하는 방식으로 탈락이 일어났고 탈락형과 비탈락형을 음수율의 제약에 의해 자유롭게 선택할 수 있는 관계에 있었다고 할 수 있다.

물론, B 그룹 중에는 탈락의 양상이 A 그룹이나 C 그룹에 많이 보이는 탈락 방식(선행요소에서의 말미음절 모음의 탈락)으로 고정화되는 경향이 있었던 용례도 존재한다.

(17) a. [吾が家]
ワギヘ(wagife)
春されば 和伎覇の里の 川門には 鮎児さ走る
wagifenocatono

君待ちがてに (万5-859)

ワガヘ(wagafe)

梅の花　今咲ける如　散り過ぎず　和我覇の園に
wagafenocononi

ありこせぬかも (万5-816)

b. [吾が妹]

ワギモ(wagimo)

山川を　中に隔りて　遠くとも　心を近く

思ほせ和伎母 (万15-3764)
omofocewagimo

(18) a. [妹が家]

イモガヘ(imogafe)

伊母我陛に　雪かも降ると… (万5-844)
imogafeni

b. [家ノ妹]

イヘノモ(ifenomo)

旅と云　真旅になりぬ　以弊乃母が　着せし衣に
ifenomoga

垢つきにかり (万20-4388)

(19) a. [呉の藍(紅)]

クレナヰ(kurenawi)

雄神川　久礼奈爲匂ふ　女らし　葦附採ると
kurenawinifofu

瀬に立たすらし (万17-4021)

b. [木ノ末]

コヌレ(konure)

許奴礼(コヌレ)隠れて　鶯そ　鳴きて去ぬなる
konurekakurete
梅が下に枝に　(万5-827)

(17)의 [吾が家]나 [吾が妹]의 경우에 'ワギヘ(wagife)' 'ワギモ(wagimo)' 형태가 많이 나타나고 'ワガヘ(wagafe)' 'ワガモ(wagamo)' 형태 쪽은 아주 드물다. 이에 비해 (18)의 [妹ノ家] [家ノ妹]의 경우에는 'イモガヘ(imogafe)' 'イヘノモ(ifenomo)'와 같은 형태로 나타나고 'イモギヘ(imofige)' 'イヘニモ(ifenimo)'라는 형태는 보이지 않는다. 한편, (19)b의 [木ノ末]는 중고 이후의 문헌에서는 나타나고 있지 않으므로 고정화 정도를 가늠할 수 없으나 (19)a의 [呉の藍(紅)] 는 'イロ(iro)'의 종류를 나타내는 단어로 정착했을 것으로 보인다. (17)(19)의 탈락형이 'ワガヘ(wagafe)' 'ワガモ(wagamo)' 'クレノヰ(kurenowi)'가 아니라 'ワギヘ(wagife)' 'ワギモ(wagimo)' 'クレナヰ(kurenawi)' 형태로 많이 사용되는데 반해, (18)의 탈락형이 'イモギヘ(imogife)'가 아니라 'イモガヘ(imogafe)' 형태로 문헌에 나타나는 사실에 대해서는 지금까지 충분한 설명이 이루어지지 않았다고 해도 과언이 아니다.

(17)(19)와 (18)의 차이에 대해서는 결합도(結合度)라는 측면에서 다루어야 할 필요가 있을 것이다[43]. 다시 말해서 음수율의 제약을 받아 탈락형이 사용되거나 비탈락형이 사용되거나 하는 사이에 (18)(19)처럼 일반적인 B 그룹의 탈락형 중에서 결합도가 강한 형식은 A 그룹이나 C 그룹과 마찬가지로 선행요소의 말미음절 모음이 탈락하는 형태로 고정화되어 간 것이 아닐까 생각한다. 반면에, (19)와 같이 결합도가 그다지 강하지 않은 형식의 경우에는 음수율에 따라 탈락이 발생하는 일은 있

43 고마쓰(小松, 1975)「音便機能考」『国語学』101, p10 에서는「吾が家」를 결합도가 높은 연접,「妹が家」를「吾が家」와「吾が命」사이의 중간단계에 해당하는 연접이라 보고 있다.

었다고는 하나 일반적인 B 그룹과 마찬가지로 복원 가능성을 중시한 탈락 방법을 채택되었을 것이다.

이상, A 그룹 및 C 그룹의 경우에는 단어의 구성 성분 중에서 중심 부분(의미적・문법적)을 보존하기 위해서 선행요소의 말미음절 모음이 탈락하는 형태를 취하는 것이 많고 B 그룹 및 'オモフ(omofu, 思ふ)' 등의 동사를 포함하는 형식에서는 탈락하더라도 의미의 전달에 지장을 주지 않고 원래의 형태로 복원 가능했는데, 후행요소의 어두 모음음절이 탈락하는 쪽이 많다는 것을 밝혔다. 그리고 B 그룹 중에서도 결합도가 높은 경우에는 A 그룹과 C 그룹처럼 선행요소의 말미음절 모음이 탈락하는 형태로 고정화 되는 경향이 보인다는 것도 확인하였다.

4 모음탈락 전제 자훈차용 가나 표기의 경우

4.1 자훈차용 가나 표기 속에서의 모음탈락

4절에서는 3절까지의 고찰내용을 토대로 하여 모음탈락을 전제로 한 자훈차용 표기에 대하여 살펴보기로 한다. 여기서 말하는 '모음탈락을 전제로 한 자훈차용(字訓借用) 표기'란 『만요슈(万葉集)』 등에 보이는 다음과 같은 표기들을 가리킨다.

(20) a. 家問へど 家をも言はず **益荒夫**(マスラヲ)の 行きのまにまに(万9-800)

b. 吾が背の君を懸けまくも**湯石恐石**(ユユシカシコシ)住吉の現人神 (万6-1020)

c. **朝入**(アサリ)する 海未通女らが 神とほり 濡れにし衣 干せど乾かず (万7-1186)

(20)의 밑줄 친 부분은 그대로 순차적으로 읽었을 때 각각 ‘マスアラヲ(macu·arawo)’ ‘ユユイシカシコイシ(yuyu·ici·kaciko·ici)’ ‘アサイリ(aca·iri)’와 같이 모음이 연속하는 형태가 되는데 실제로는 ‘マスラヲ(macurawo)’ ‘ユユシカシコシ(yuuyucikacikoci)’ ‘アサリ(acari)’라 읽어야 하는 표기들이다. 이러한 모음탈락을 전제로 한 자훈차용 표기들에는 다음과 같은 예들도 보인다.

(21) a. 紀人羨しも亦打山(マツチヤマ)行き来と (万1-55)

古衣又打山(マツチノヤマ)ゆ還り来ぬかも (万6-1019)

b. 浦島の子が堅魚(カツヲ)釣り鯛釣り矜り (万9-1740)

(21)은 「タマウチヤマ(mata·uti·yama)」「カタウヲ(kata·uwo)」가 아니라 「マツチヤマ(matutiyama)」「カツヲ(katuwo)」로 읽어야 하는 자훈차용 표기이다. 왜 탈락현상을 전제로 한 (20)(21)과 같은 표기가 존재할 수 있었을까 하는 점에 관해서는 일찍이 다케이 무쓰오(武井睦雄, 1963)이나 쓰루 히사시(鶴久, 1968)의 연구가 있다.

쓰루(鶴, 1968)은 (22)과 같이 표기되는 부분의 음절과 일치하는 훈을 가지는 자훈차용가나를 사용하는 것이 가장 적합하다고 지적하며 어떠한 사정으로 (22)과 같은 가나를 사용하기 힘든 경우에는 (23)과 같이 앞에 접속하는 훈 가나의 어미 음절과 뒤에 접속하는 자훈차용 가나의 어두 음절이 동일하거나 (24)와 같이 어미 모음과 동일한 어두 모음 음절을 지니는 자훈차용 가나가 뒤에 접속하는 편이 상대 일본인들에게는 가장 거부감이 없었던 용법이었을 것으로 추측하고 있다.

(22) a. [na·kuni]

思ひ過ぐべき　君にあら**名国**(ナクニ) (万3-422)

b. [turu·kamo]

花持つい間に　嘆き**鶴鴨**(ツルカモ) (万葉集7-1359)

(23) a. [kamu·naga·gara>kamunagara]

わご大君　**神長柄**(カムナガラ)　神さびせすと (万葉集1-38)

b. [cuma·mafa·mu>cumafamu]

島の御階に　誰か**住舞無**(スマハム) (万葉集2-187)

(24) a. [aji·cafa·afu>ajicafafu]

味沢合(アジサハフ)　妹が目離れて (万葉集6-942)

b. [ti·ifa·yaburu>tifayaburu]

千盤破(ちはやぶる)　神そ着く (万葉集2-101)

덧붙여 (25)처럼 연접하는 모음이 서로 다른 경우에도 음절을 달리하기보다는 모음을 달리하는 쪽이 거부감이 적었을 것으로 보고 있다.

(25) a. [muce·ifi>mucefi]

心に**咽飯**(ムセヒ)　ねのみし泣かゆ (万葉集4-645)

b. [ifo·iri>ifori]

旅にや君が　**廬入**(イホリ)せるらむ (万葉集10-1918)

따라서 자훈차용 가나 표기에서의 어두 모음음절 탈락형도 자훈차용 가나 용법의 법칙에 따른 것으로 모음탈락 사례가 아니라는 것이다. 쓰루(鶴, 1968)의 견해는 종래에 모음탈락 용례와 동일한 원리로 설명되어온 자훈차용 가나에서의 어두 모음음절 탈락형을 모음탈락 사례로 거론해서는 안 된다는 것을 주장했다는 점에서 주목할 필요가 있다. 그러나 쓰루(鶴,1 968)의 주장에는 표기법이라는 관점에서 보았을 때 자훈차용 가나 표기에서 차선책으로서 탈락 전제 표기를 사용했다고 보고 있다는 점에 문제가 있다. 과연, 차선책으로서 어쩔 수 없이 탈락 전제 표기를 채택했다고 봐야 할 것인가? 쓰루(鶴, 1968)은 (25)의 「咽飯(ムセヒ)(mucefi)」「廬入(イホリ)(ifori)」와 같이 연접하는 모음이 서로 다른 경우에 독자 쪽의 심리적인 저항을 최소화시키기 위해서 어떠한 방안이 모색되고 있지 있는가 하는 부분에 대해서는 언급하고 있지 않아 검토의 여지를 남기고 있다. 훈을 결정하는데 있어서 위화감을 느끼게 할 만한 표기가 사용되어야만 하는 이유에 대한 고찰도 결여되어 있는 것으로 보인다.

그러한 점에서 모리(毛利, 1993)이나 요시이 겐(吉井健, 1994)는 노래의 문맥과 관련지어 자훈차용가나 표기의 용례를 살펴보려고 했다는 점에서 쓰루(鶴, 1968)의 관점과는 차이가 있으며 주목할 필요가 있다. 모리(毛利, 1993)은 'マスラヲ(macurawo, 大夫)'의 자훈차용 표기 '益卜雄'에 대해 다음과 같이 설명하고 있다.

> '益卜雄'와 같은 자훈 차용은 일반적으로 이론상, $CV_1CV_2V_3CV_4$(マスウラヲ)의 형태를 불식시킬 수는 없었다[중략] 아마도 [丈夫や片恋ひせむと嘆けども醜の益卜雄なほ恋ひにけり(2・117)] 라는 노래 한 수의 뜻(또는 문맥이나 어원) 속에서 그러한 노래의 뜻(문맥・어원)이 받쳐주지 않았다면 '益卜雄'가 マスラヲ(macurawo)로 훈독될 수 없었던 것은

> 아닐까 [중략] 이러한 훈독 저변에는 어디까지나 $V_2=V_3$에서의 탈락(융합) 현상이라는 인식이 없었다면 성립할 수 없었던 일이었다.
> 益卜雄'などの字訓借用は一般に、理論上、$CV_1CV_2V_3CV_4$(マスウラヲ)の形を払拭してしまうことはできなかった [中略] 恐らく、丈夫や片恋ひせむと嘆けども醜の益卜雄なほ恋ひにけり(2・117)という一首の歌意(あるいは文脈や語脈)の中で、その歌意(文脈・語脈)に支えられなかったら、「益卜雄」がマスラヲと訓まれ得がたかったのではないか [中略] この訓みの根底に、あくまで、$V_2=V_3$における脱落(融合)現象といった認識がなければ成り立ち得ないことではあった。
> [p175]

요시이(吉井, 1994)도 자훈차용 가나의 장식적인 용자법으로서의 프로토 타입 속에 모음탈락 전제 표기를 두고 노래의 문맥이 허용하는 한도 내에서 모음탈락 전제 표기가 허용되는데, 모음탈락 전제 표기를 사용함으로써 노래 표현의 폭 또한 넓혀진다는 효과를 기대할 수 있다고 보았다. (26)의 용례를 보자.

(26) a. 家問へど 家をも言はず 益荒夫(マスラヲ)の 逝きのまにまに (万9-800)
b. 朝入(アサリ)する 海未通女らが 神とほり 濡れにし衣 干せど乾かず (万7-1186)

즉, (26)a는 '荒(ara)'가 'マスラヲ(macurawo, 大夫)'가 지니는 생명력으로 넘치는 거침을 연상시켜 죽음과의 대조를 느끼게 만드는 표현이며 (26)b는 アサル(acaru, 求食)는 '入(iri)'가 아침에 먹을 것을 구하기 위해 바다에 들어갔다 나온다는 의미를 연상시키는 역할을 하고 있다고 설명한다. 이처럼, 모음탈락 전제 표기에 대하여 요시이(吉井,

1994)는 자훈차용의 용자법(用字法) 안에서 다음과 같이 결론짓고 있다.

> 노래의 문맥 내지는 단어의 의미에 관련되는 의미를 문자로 표기하려는 요구를 충족시키기 위한 하나의 수단이다.
> 歌の文脈、ないしは語の意味に関連のある意味を、文字で表そうとという要求を満たすための、一つの手段である。 [p45]

즉, 노래의 문맥 속에서만 탈락 전제 표기를 사용하는 것이 허용된 셈인데, 그 반면에 탈락 전제 표기를 사용함으로써 노래 표현의 폭도 넓어진다는 효과를 기대할 수 있다는 것이다. 이처럼 탈락 전제 표기를 사용하는 것에 대한 이득이 컸기 때문에 표기법으로서 보급이 되었다고 할 수 있다.

단, 탈락 전제 표기는 훈을 규정하는데 대한 난이도라는 측면에서 보면 자음(字音) 가나 표기에 비해 단연 떨어진다. 또 독자 입장에서는 쓰루(鶴, 1968)의 지적대로 (22)의 '名国(na·kuni)' '鶴鴨(turu·kamo)'와 같이, 표기된 부분의 음절과 일치하는 훈을 가진 자훈차용 가나를 사용했을 때보다도 심리적인 저항이 있었을 것이다. 그러한 모음탈락 전제 표기에서 조금이라도 독자 쪽의 심리적 저항을 줄이기 위하여 어떠한 방안이 마련되었는가, 또, 3절에서 보아온 것처럼 일반 모음탈락 현상의 원리에 따른 형태로 이루어졌는지의 여부에 대해 검토할 필요가 있다고 생각한다.

그래서 다음 절부터는 상대 구두 일본어에서 존재했을 것으로 보이는 모음 탈락형과 표기법의 한 수단으로서 존재했을 탈락 전제 표기의 탈락 양상을 비교 검토하여 어떠한 경우에 탈락 전제 표기가 이루어졌는가를 고찰한다.

4.2 표현효과를 높이기 위한 표기법

먼저, 다케이(武井, 1963) 및 쓰루(鶴, 1068)이 지적한 바와 같이 모음탈락 전제 표기 중에서 가장 많이 나타나는 [동일 모음이 연속하는 경우]에 대해서 검토하겠다.

(27) a. マスウラヲ(macu·ura·wo)＞マスラヲ(macurawo)
益卜雄 (万2-117)
b. アラアシ(ara·aci)＞アラシ(araci)
荒足 (万7-1101)
c. サニツラアフ(ca·ni·tura·afu)＞ナニツラフ(caniturafu)
散丹頰相 (万4-509)
d. アジサハアフ(aji·cafa·afu)＞アジサハフ(ajicafafu)
味澤合 (万6-942)
e. チイハヤブル(ti·ifa·yaburu)＞チハヤブル(tifayaburu)
千磐破 (万2-101)

(27)의 경우, 연속하는 모음이 하나가 되어 비교적 원래 모습(문자 그대로의 모습)에 근접한 형태를 유지시킬 수 있으며, 문자와 훈 사이의 거리가 매우 가까운 것으로 인식되어졌을 것이다. 실제로 (27) 등은 모음탈락 전제 표기 중에서 문헌에 가장 많이 나타나는 형태인데 그 사실 자체가 모음탈락 전제 표기가 이루어지는 경우라 할지라도 일정한 배려 — 독자들로 하여금 필자가 의도하는 훈으로 정확하게 읽을 수 있도록 유도하는 작용 — 가 있었다는 것을 나타낸다.

다음으로 연접하는 모음이 서로 다른 경우에 대해서 살펴보면 다음과 같은 경향을 볼 수 있다.

㉮ 모음탈락에 관계하는, 연접하는 두 단어 중 어느 한쪽이(주로 뒤에 접속하는 단어)가 ‘イチ(iti, 市)’ ‘イリ(iri, 入)’ ‘イシ(ici, 石)’와 같이 각 음절의 모음이 같은 문자가 사용되는 경향이 있다[44].

(28) a. イチ(iti, 市) 年魚市(アユチ)[ayu·iti＞ayuti]方 (万3-271)

b. イリ(iri, 入) 廬入(イホリ)[ifo·iri＞ifori]西留良武 (万10-1918)

c. イシ(ici, 石) 川乃湍清石(キヨシ)[kiyo·ici＞kiyoci] (万6-1052)

d. イヒ(ifi, 飯) 飼飯(ケヒ)[ke·ifi＞kefi]海乃 (万3-256)

e. イリ(iri, 煎) 長生に異煎(ケリ)[ke·iri＞keri] (万6-1048)

㉯ ラ(ra)행의 가나나 탁음 등, 상대 일본어에서의 음소배열법칙(phonotactice)에서 볼 때 어중에서만 존재하는 음을 표시해야 하는 때나 조동사 등을 표기하는 경우에는 동일한 모음이 연속하는 단어를 후부요소로 가져오는 일도 있었지만 (29)처럼 협모음을 어두에 지니는 단어를 후부요소로 가져와 어두 모음을 탈락시키는 고안이 이루지고 있다.

(29) a. イリ(iri, 入)＞リ(ri)

朝入(アサリ)[aca·iri＞acari]爲等 (万葉集7-1167)

開乃乎(ヲ)再入(ヲリ)緒 (万葉集10-2228)

b. イヌ(inu, 去)＞ヌ(nu)

夜者深去(フケヌ)[fuke·inu＞fukenu] (万10-2252)

44 요시이(吉井, 1994)의 지적에 의함.

c. イヅミ(idumi, 泉)＞ヅミ(dumi)

庭多泉(ニハタヅミ)[nifa·ta·idumi＞nifatadumi] (万2-178)

다케이(武井, 1963)이나 모리(毛利, 1993), 요시이(吉井, 1994) 등에서는 (27)~(29)에서 보이는 경향이 '동일 모음이 연속할 때의 어느 한쪽 모음의 탈락' '후모음의 탈락'이라는 점에서 종래에 주장되어 오던 '모음의 향도・광협을 탈락의 기본으로 하는 입장'을 지지하는 것이라고 해석하고 있다.

그러나, 복합어의 후행요소로서 자훈차용 가나 표기 용례를 자음 가나 표기의 용례와 마찬가지로, 또는 그것에 준하여 취급해도 좋은지 하는 부분에 관해서는 재음미할 필요가 있다. 즉, (27)~(29)과 같은 경향은 다음과 같은 점에서 2절에서 고찰한 음운 현상으로서의 모음탈락과는 차이가 있기 때문이다.

하나는 복합어의 후행요소로서 사용되었을 때 일반적으로 상대에서는 탈락하지 않는 형태로 나타나는 경향이 있는 'アフ(afu, 合・相)'와 같은 용례가 탈락 전제 표기로써 많이 사용되어지고 있다는 점이다. 또 하나는 탈락 전제 표기의 경우에는 B 그룹(조사를 포함하는 형식)은 하나도 없고 A 그룹 형식인 것이 많은데, 후행요소 어두 모음음절이 탈락하는 경향이 있다는 점이다. 예를 들면,

(30) a. 杜若丹頬相[ニツラアフ>ニツラフ] (万10-1986)
b. 味澤合[アジサワアフ>アジサハフ] (万12-2934)

(30)의 경우, 어두 모음음절이 탈락하는 일이 많은 'イフ(ifu, 言)'가 아니라 탈락하는 일이 거의 없는 'アフ(afu, 合・相)'문자를 사용함으로써 일종의 표현효과를 높이고 있었다고 볼 수 있다. 'アフ(afu, 合・

相)'는 어두 모음음절 [a]와 동일한 모음을 말미음절에 지니고 그 활용 어미를 명확하게 표시하는 역할을 완수하고 있다고 볼 수 있다[45].

한편, (28)(29)에 보이는 탈락의 양상은 선행요소의 말미음절 모음이 탈락한 형태가 되는 것이 일반적인 A 그룹의 경우와는 달리, 반대적인 탈락 방식을 취하고 있는 셈이 된다. 음운현상으로서의 탈락 양상과 다른 방식을 취함으로써 순차적으로, 다시 말해서 문자표기 진행 방향대로 훈이 읽혀지는 것을 전제로 한 표기법으로서 정착할 수 있었지 않았나 생각한다. 물론, 모음탈락 전제 표기 속에는 (21)과 같이 전항요소의 말미음절의 모음이 탈락한 형태도 존재하지만, (31)(32)의 용례들은 지명・동물(물고기)명과 같이 고유명사 또는 그에 준하는 용례들에 한정되며 표기가 이루어질 때 어원 해석이 개입되었을 가능성을 부정할 수 없다.

(31)=(21)

a. マタウチヤマ(mata·uti·yama)＞マツチヤマ(matutiyama)

紀人羨しも亦打山(マツチ ヤマ)行き来と (万1-55)

古衣又打山(マツチノヤマ)ゆ還り来ぬかも (万6-1019)

b. カタウヲ(kata·uwo)＞カツヲ(katuwo)

浦島の子が堅魚(カツヲ)釣り鯛釣り (万9-1740)

(32) a. ヨシアミハラ(yoci·ami·fara)＞ヨサミハラ(yocamifara)

依網原(ヨサミ ハラ)に人も逢はぬかも (万7-1287)

b. クチアミヤマ(kutiamiyama)＞クタミヤマ(kutamiyama)

---

45 다케이 무쓰오(武井睦雄, 1963)의 지적에 따름.

朽網山(クタミヤマ)夕居る雲の薄れ行かな (万11-2674)

이상에서 살펴본 바와 같이, 모음탈락 전제 표기는 동일 모음이 연속하는 형태로 널리 쓰이고 있었으나 어떠한 표현효과를 노릴 필요가 있다거나 같은 모음이 연속하는 상황에 있지 않은 경우에는 음운 현상으로서의 모음탈락과는 다른 형태로 탈락 전제 표기가 이루어짐으로써 표기법으로 정착되었을 것으로 추정된다. 즉, (27)~(29)와 같은 표기는 표기자가 의도하는 훈으로 독자가 제대로 읽을 수 있도록 고안한 방안의 일환이었다고 볼 수 있다.

5 정리

제4장에서는 상대 구두 언어에서 존재할 수 있었던 모음 탈락형이 어떠한 형태로 탈락이 이루어졌는지에 관하여 검토한 다음, 음수 제약을 받고 있는 경우나 자훈차용 표기 경우에서의 탈락 양상과 비교 검토하였다. 이를 통해 다음 세 가지를 밝혔다.

① A 그룹과 C 그룹처럼 상대 구두 언어에서 존재할 수 있었던 모음 탈락형의 경우에는 선행 요소의 말미음절 모음이 탈락하는 형태를 취하는 것이 일반적이다.

② B 그룹 및 'オモフ(omofu, 思ふ)'등의 특정 동사를 포함하는 형식 등, 운문 속에서 음수율의 조정에 적극적으로 관여했던 것으로 보이는 탈락형의 경우에는 A 그룹, C 그룹과는 달리, 후행요소의 어두 모음음절이 탈락하는 형태를 취하는 일이 많다. 단, 결합도

가 높은 경우에는 선행요소의 말미음절 모음이 탈락하는 형태로 나타나는 경향이 있다.

③ 종래에 모음탈락을 전제로 한 자훈차용 가나 표기의 용례가 음운 현상으로서의 모음탈락과 동일한 원리로 만들어진 표기법이었다고 알려져 왔으나 모음탈락을 전제로 한 자훈차용 가나 표기는 노래의 문맥에 관여한 표현성을 지향한 표기법이었을 것으로 추정된다. 나아가 훈을 규정하기 쉽도록 같은 모음이 연속하는 탈락 전제 표기가 많이 사용되었는데, 그 중에는 정착한 표기로써 음운 현상으로서의 모음탈락과는 다른 형태(다른 모음이 연속하는 용례)로 탈락 전제 표기가 이루어진 것들도 있다.

본 장의 고찰을 통해 운문이라는 문체적 특징을 반영하고 동시에 운문에서 밖에 존재할 수 없었던 탈락형은 상대 일본어의 일반적인 탈락형과 탈락 양상 면에서 차이가 보인다는 점, 더불어 모음탈락을 전제로 한 자훈차용 가나 표기는 노래의 문맥에 관계하는 표현성을 지향한 표기법으로서의 한 방안이었고, 음운 현상으로서의 모음탈락 용례와는 탈락 양상을 달리하고 있다는 점에서 동일한 원리로 설명해서는 안 되는 성질의 현상이었다는 점이 명확해 졌다고 본다.

제5장

모음탈락과 악센트

− 융합표시 수단으로써의 양자의 상관성 −

1. 들어가기
2. 선행 연구
3. 모음 연접 부분의 악센트 높이 분석
4. 모음탈락과 악센트의 관련
5. 정리

고대일본어의 음 탈락 연구

제5장

모음탈락과 악센트

— 융합표시 수단으로써의 양자의 상관성 —

들어가기

제3장에서는 모음탈락이 문체적인 측면에서 검토되어야 한다는 점을 밝혔다. 그중에서도 특히 운문에서의 모음탈락에 관해서는 음수율의 조정이라는 측면에서 고찰되어야 함을 분명히 밝혔다. 아울러 제4장에서는 일반 구두 언어에서의 탈락형과 음수 제약에 좌우되는 형식에서 보이는 탈락형 및 모음탈락을 전제로 한 자훈차용 가나 표기 용례 사이에 탈락의 양상에 차이가 있음을 지적하였다.

제5장에서는 음수 제약과 떼어내어 고찰할 필요가 있는 탈락형(구체적으로는 A 그룹에 속하는 탈락형)에 대해서 악센트와의 관련성에 대해 고찰한다. 나아가 상대 일본어에서 빈번히 발생한 모음탈락 현상이 중고시대 이후 왜 쇠퇴해 갔는지에 대해서도 악센트 측면에서 검토를

해 보고자 한다.

 선행 연구

2.1 모음탈락과 악센트 관련 연구

모음탈락에는 ‘イヅコ(iduko)＞ドコ(doko)’와 같은 어두 모음탈락과 ‘ハナレイソ(fanareico, 離磯)＞ハナレソ(fanareco)’와 같은 복합어의 접합 부분에서 발생하는 모음탈락이 있다. 두 탈락에는 탈락하는 조건이 다르기 때문에 구별할 필요가 있는데 본 장에서는 복합어의 접합 부분에서의 모음탈락 중, 음수 제약을 받지 않는 (1)과 같은 모음탈락에 대해서 악센트에 착안하여 고찰한다.

(1) アリソ(arico, 荒磯)　ヌキツ(nukitu, 脱棄)

특히, (2)와 같은 비탈락형과 대비시킴으로써 탈락의 조건에 대해 밝힌다.

(2) ミヅウミ(miduumi, 水海)、トリオフ(toriofu, 取負)

상대의 모음탈락 현상에 대해 악센트 면에서 고찰한 연구는 없으나 중고 및 중세문헌에서의 탈락형에 대해서는 오쿠무라 미쓰오(奥村三雄, 1958)이나 고마쓰 히데오(小松英雄, 1977)에서 몇 군데 지적이 있다.반복하게 되지만 간단히 두 연구자의 해석과 문제점을 언급하면 다음과 같다.

우선, 오쿠무라(奥村, 1958)은 어두 모음음절이 탈락하는 경우에 탈락하는 어두 모음음절의 악센트가 낮은 경향이 강하다는 점을 지적하고 '적어도 악센트 핵을 지니는 イ모음은 탈락하지 않았'던 것으로 보인다고 했다. 그러나 오쿠무라(奥村, 1958)의 지적에는 'イヅコ(iduko, 何処)＞ドコ(doko)' 'イマダ(imada, 未)＞マダ(mada)'와 같은 어두 모음음절의 탈락과 'ワガイヘ(wagaife, 吾が家)＞ワギヘ(wagife)' 'アレオモフ(areomofu, 吾思)＞アレモフ(aremofu)'와 같은 접합부분에 발생하는 탈락을 동일시하고 있다는데 문제가 있다. 또한 복합어 접합 부분에서의 탈락의 경우 뒤에 오는 요소의 어두 음절 악센트에만 주목하고 있으나 선행요소의 악센트에도 주의를 기울일 필요가 있지 않나 생각한다. 예를 들면 'イハ(ifa, 磐)' 'イソ(ico, 磯)'등은 어두 모음음절이 고평조(高平調)로 추정됨에도 불구하고 'トコハ(tokofa, 常磐)' 'ハナレソ(fanareco, 離磯)'와 같이 어두 음절의 모음이 탈락하고 있다. 오쿠무라(奥村, 1958)의 해석으로 보면 이들 용례들은 모두 예외로 처리되게 되는데 앞에 접속하는 단어'トコ(toko, 常)' 'ハナレ(ranare, 離)'에서의 말미 음절의 악센트가 마찬가지로 고평조라는 사실도 고려 대상에 넣어야 한다고 생각한다.

한편, 고마쓰(小松, 1977)은 복합어에서 모음탈락이 일어나더라도 악센트는 실질적으로 원래 그대로이며 언제나 분리가능한 잠재성(potentiality)을 지니고 있었다고 지적한다. 즉,

(3) a. モタグ [○●](モテ)=[●○](アグ)＞[○●○](モタグ)＞[○●●○](モテアグ)

b. カカグ [○●](カキ)=[●○](アグ)＞[○●○](カカグ)＞[○●●○](カキアグ)

(○는 저평조(低平調), ●는 고평조(高平調))

(3)과 같이 'モタグ(motagu)' 'カカグ(kakagu)' 등은 -tea-, -kia-의 부분이=●●=로 이어져 있던 것이 모음탈락에 의한 축약에 따라 =●=로 된 것 뿐이므로 원래의 악센트는 실질적으로 그대로 보존되고 있었다는 것이다. 고마쓰(小松, 1977)의 지적은 개별 단어의 악센트가 아니라 탈락이 일어날 수 있는 부분, 즉, 선행요소의 말미음절과 후행요소의 어두 음절 양쪽 악센트를 문제 삼고 있다는 점에서 주목할 필요가 있다. 단, 위와 같은 지적은 중고・중세 문헌에 나타나는 몇몇 탈락형에 관한 것이므로 탈락형 전체, 특히 상대 일본어에서의 탈락형에도 그러한 경향이 인정되는지에 대해서는 구체적인 언급이 없으므로 검토할 여지가 있다.

만일, 상대에 많이 보이는 탈락형에서 원래의 악센트가 보존되는 경향이 인정된다면 다음과 같은 보존 방식을 고려해 볼 수 있다.

(4) a. ○+○→○
b. ●+●→●

(5) a. ○+●→● 또는 ○
b. ●+○→○ 또는 ●

(6) a. ○+●→◑
b. ●+○→◐

(◑는 상승조(上昇調), ◐는 하강조(下降調))

(4)는 탈락이 일어날 수 있는 부분의 악센트 높이가 같고 그것이 하나가 되는 경우이다. (5)와 (6)은 탈락이 일어날 수 있는 부분의 악센트 높이가 다른 경우이다. 또한 (5)는 한쪽이 다른 한쪽을 흡수하는 경우이며 (6)은 굴곡조(屈曲調)로 되는 경우이다. 이 중에서 굴곡조 음절(◑

또는◐)은 나타나는 위치나 단어가 한정되어 있으며 단어의 어중에 나타나는 일은 거의 없다는 점이 지적되고 있다. 고마쓰(小松, 1957)에 따르면 ◐(하강조) 성점은

(7) a. 형용사 종지형(終止形)의 어말음절 (シ)
  b. 형용사 연체형(連体形)의 어말음절 (キ)
  c. サ행 변격활용동사의 종지형(終止形) (ス)

(7)의 세 종류에 현저하게 집중되고 있을 뿐만 아니라 일부 어휘 중에도 존재하기는 하나 그러한 것들도 거의 대부분이 어말이나 어말에 준하는 위치에 나타난다는 한정성이 있다고 한다[46]. 따라서 (6)에 대해서는 가능성에서 배재하더라도 문제가 없을 것으로 판단하고 고찰을 진행하기로 한다.

그렇다면, 상대에서 탈락형의 악센트는 (4)와 (5) 중에 어떠한 형태로 보존되었을까? 그 점에 관해서는 중고 악센트 자료로부터의 추정으로 확인할 수 있다. 거기에 보이는 경향과 비탈락형의 악센트의 경향을 비교해 봄으로써 어떠한 경우에 탈락이 일어나고 또 어떠한 경우에 저지되는 경향이 있는가를 밝힐 수 있을 것이다. 이하, 구체적으로 검토해 보기로 한다.

---

46 고마쓰(小松, 1957) 참조. 지금까지 보고된 용례를 보면 [サマラバレ(莫惜○◐●○◐ : 図名255-1)], [オモミレバ(惟○◑○●○)] 등이 있다. 한편 동사 'モツ(motu, 持)' 'ウゴク(ugoku, 動)' 의 경우, 문헌상으로는 [○●] [○○●]의 악센트가 확인되나, 미나미 후지오(南不二男, 1956) 및 긴다이치 하루히코(金田一春彦, 1964)에 따르면 이들 동사는 제2류 동사로 분류되어, 중지형이나 복합동사의 선행 요소에 올 때에는 종지형과 마찬가지로 [○◐] [○○◐] 으로 추정된다. 그렇다면 복합어의 접합 부분에 곡용조 음절이 오게 되는 셈이 되는데, 본서에서는 그러한 하강조를 '고평조의 변종(고마쓰(小松, 1957))'으로 보는 입장을 취하여 [○●] [○○●]로 본다.

2.2 상대 일본어의 악센트

현대 교토어(京都語)를 비롯한 대부분의 방언에서 보면, 한 문절 내부의 고음(高音) 부분이 두 곳 이상으로 갈라지는 일이 없으나, 옛 중앙 일본어[47]에서는 두 형태소 이상이 결합될 때, 두 곳(또는 그 이상)의 고음 부분이 존재하는 경우가 있다. 『와묘류이쥬쇼(和名類聚抄)』『류이쥬묘기쇼(類聚名義抄)』 등에는 ‘カタツブリ(katatuburi, 蝸牛●●○●○)’ ‘ミヅウミ(mijuumi, 湖●●○●)’와 같은 단어가 보인다. 그런데, 현대어에서처럼 복합어의 악센트가 한 단위로 조정된 예도 또한 찾아 볼 수 있다. 『류이쥬묘기쇼(類聚名義抄)』 에는 ‘ココロミル(kokoromiru)’ ‘オモバカル(omobakaru)’라는 복합어가 나타나는데, 이들을 복합되기 이전 상태의 악센트와 비교해 보면, 후행요소의 악센트에 변화가 있음을 알 수 있다.

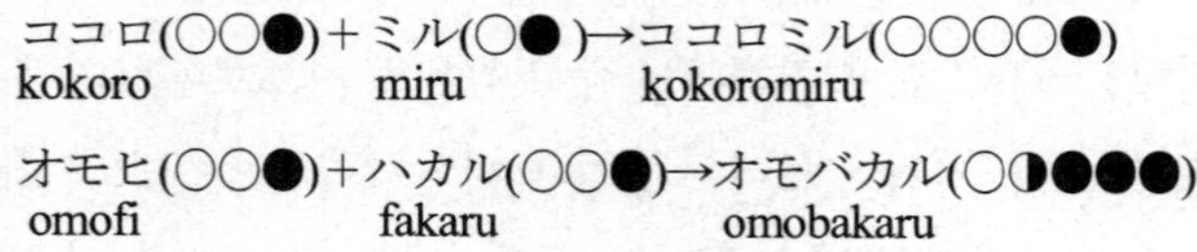

이러한 복합어에서의 악센트 조정[48]은 중고 말기에 시작되어, 중세 이후에 전반적으로 진전이 되었다고 한다. 따라서 상대 일본어에서는 복합어의 악센트 조정은 일어나지 않았다고 보는 것이 일반적인 견해이다. 그러므로 복수의 단어가 연접될 때, 악센트 상태는 본래 모습을 유지하고 있었을 것으로 판단된다. 즉, 악센트는 단어의 변별적 기능만을 지니고 있었으며, 단어 간의 통합 기능은 모음탈락이나 모음융합, 렌

47 교토 나라를 중심으로 하는 기내 방언(畿内方言)을 가리킨다.

48 복합어의 악센트 조정에 관해서는 긴다이치 하루히코(金田一春彦, 1937, 1974) 참조.

다쿠(連濁) 등에 의존했다고 볼 수 있다.

그렇다면, 모음탈락에 의해 어형에 변화가 일어났을 경우, 악센트는 어떻게 되는가. 악센트가 본래 상태를 유지하기 위해서는 탈락이 일어나더라도, 탈락에 의해 하나의 음절로 된 부분이 선행요소 어말음절과 후행요소의 어두 모음음절의 악센트를 보존하고 있어야 한다. 그렇다면, 악센트 보존이 어려운 경우에는 탈락이 회피될 수도 있었다고 추론할 수 있다.

그런데, 본 장에서의 추론을 검정하기 위해서는 상대 악센트 가 어떠했는지를 알아야 하는데, 상대 악센트에 관해서는 문헌 자료의 한계성으로 인하여 밝혀지지 않은 부분이 많다. 따라서, 과연 탈락형들이 악센트를 보존했는지를 확인하기는 매우 어렵다. 또한, 모음탈락 현상이 상대에서는 활발히 이루어졌으나, 중고 이후에는 몇몇 용례를 제외하고는 탈락하기 이전 형태로 되돌아갔기 때문에, 탈락형을 중고 악센트 자료 속에서 찾아보는 데에도 한계가 있다.

다행히, 상대 악센트 형이 중고 악센트 형[49]과 거의 차이가 없으며, 상대 나라 시대(奈良時代)의 단어 성조 체계가 중고 헤이안 시대(平安時代)와 크게 다를 바 없었다는 선행연구의 논증은 주목할 만하다. 이러한 의견은 다카야마 미치아키(高山倫明, 1981)에 의해 처음 공식적으로 논의되었는데, 이후, 고마쓰(小松, 1986), 오쿠무라 (奥村, 1995) 등은 다카야마(高山, 1981)과는 다른 방법을 통해 같은 결론을 도출해

49 중고 말기(11세기 말 무렵)의 2 음절 명사의 어조에는 다음의 9 가지 형이 존재했다고 한다.

	a	b	c
A	●●	※●◐	※◑●
B	●○	※◐○	※◑○
C	○○		
D	○●	○◐	

※는 소속 수가 아주 적은 형(고마쓰(小松, 1959))

내었다. 본 연구는 이러한 선행연구의 바탕 위에 성립된다고 볼 수 있다. 본 장에서는, 중고 시대의 악센트 자료를 통해 상대 악센트를 추정하는데 지장이 없다는 전제 하에, 모음 연접 부분의 악센트 높이와 모음 탈락 현상에 대한 상관관계를 검증해 나가고자 한다. 이를 통해, 상대 일본어의 한 단면이 밝혀질 것으로 본다.

3 모음 연접 부분의 악센트 높이 분석

3.1 자료 및 분석 기준

용례는 가나(仮名) 표기가 이루어진 것에 한정한다. 단 중고 말기의 악센트 자료가 일본 기내방언(畿内方言)의 악센트를 반영하고 있는 관계로, 『만요슈(万葉集)』의 아즈마 우타(東歌) 및 사키모리 우타(防人歌), 『후도키(風土記)』가요에 보이는 용례는 제외시키기로 한다. 또 어원해석이 개입될 여지가 있는 고유명사도 제외한다. 그리고 선행성분이 동사 연용형(連用形)인 경우에는 종지형(終止形)의 악센트와 동일한 것으로 간주한다. 이는 동사의 연용형과 종지형의 악센트가 같다는 선행연구의 지적에 따른 것이다[50]. 각 복합성분의 악센트 판정 자료는 다음과 같은 판본을 기저(基底)로 하고 있으며 악센트가 확인되지 않는 부분은 ×로 표기한다.

『루이쥬묘기쇼(類聚名義抄)』
 図書寮本(勉誠社) : 약칭 図名

50 미나미 후지오(南不二男, 1956) 및 긴다이치 하루히코(金田一春彦, 1964), 사쿠라이 시게하루(櫻井茂治, 1994) 참조.

観智院本(貴重図書複製会本) : 약칭 観名

高山寺本(天理図書館善本総書) : 약칭 高名

鎮国守国神社本(未刊国文資料別巻) : 약칭 鎮名

『이로하지루이쇼(色葉字類抄)』

前田本(勉誠社) : 약칭 色前

『와묘류이쥬쇼(和名類聚抄)

『和名類聚抄 古写本,声点本本文および索引』 馬渕和夫(風間書房) : 약칭 和名

『호케교탄지(法華經単字)』

(貴重図書影本刊行会本) : 약칭 法単

먼저 탈락형에 대한 모음 연접 부분의 악센트 높이 차이를 살펴 본 후, 비탈락형에 대해 검토한다. 용례 분류의 기준은 다음과 같다.

① 악센트의 고저가 확실한 [단어+단어] 형식을 대상으로 한다. 단, 탈락형 중에 후행요소가 'オモフ(omofu, 思ふ)' 'イヅ(idu, 出づ)'인 용례는 대상에서 제외한다.

② 선행요소가 동사의 연용형인 경우에는 동사의 종지형의 악센트를 인용한다.

③ 대상 단어가 다수 문헌에 게재되어 있을 경우에는, 표기된 악센트가 서로 다르지 않는 이상, 『루이쥬묘기쇼(類聚名義抄)』에서 하나를 선택한다.

④ 해당 단어가 악센트 자료에 게재되어 있지 않거나, 판단 기준이 되는 악센트 가 둘 이상인 경우, 일단, 판단 보류 항으로 분류한 후, 용례 분석 때 다시 다루기로 한다.

⑤ 탈락형과의 균형을 맞추기 위해, 비탈락형은 정수구(5음・7음구)를 초과하는 경우만을 대상으로 한다.

위의 기준 중, ①과 ②에 대해서 보충 설명을 하자면, 다음과 같다. 상대 및 중고 시대의 조사 조동사는 현대어와는 달리, 악센트 단위에서 전항단어와는 독립되어 있었다고 한다. 그런데, ガ, ニ, ヲ, ハ를 제외한 대부분의 부속어의 경우, 성조 값을 판단할 만한 확정적 근거가 부족하여 악센트의 높이가 모음탈락과 어떠한 관계에 있는지를 살펴보기에는 부적합하다. 따라서 여기서는 부속어를 포함하는 형식을 제외한 나머지 예들에 한정하여 고찰하기로 한다. 한편, 후항단어에 'オモフ(思)' 'イヅ(出)'가 오는 형식에서는 항상 두 단어의 어두 모음음절이 탈락하는 형태를 취하며, 다른 탈락형에서는 볼 수 없는 탈락형이 존재하는 등, 별도로 다루어 논할 필요가 있기 때문에 고찰 대상에서 제외하였다. ②는 '기본적인 제1류, 제2류 동사의 연용형 I [51]과 종지형의 악센트는, (중략), 완전히 같다'는 사쿠라이(櫻井, 1994. p520)의 조사 결과에 의거하였다.

3.2 탈락형의 악센트

【I】 접합 부분의 악센트 높이가 같은 경우

	[복합형]	[복합성분의 악센트]
[1]	アフミ(淡海：記歌38)	○○+○●
	アハシ(淡○○シ：図名22-4)	
	ウミ(海○●：図名5-4)	
[2]	アリソ(荒磯：万17-3959)	●●+●○[52]
	アラシ(荒●●×：観名・僧上8-1)	
	イシ(石●○：図名147-2)	

51 동사의 연용형(連用形) I 은 중지형(中止形) 또는 복합동사의 선행요소를 가리킨다.
52 'イソ(礒)'의 경우, 어원을 같이하는 'イシ(石)' 'イハ(磐)' 모두 [●○]악센트이므로 'イソ(礒)'의 악센트 또한 [●○]로 간주한다.

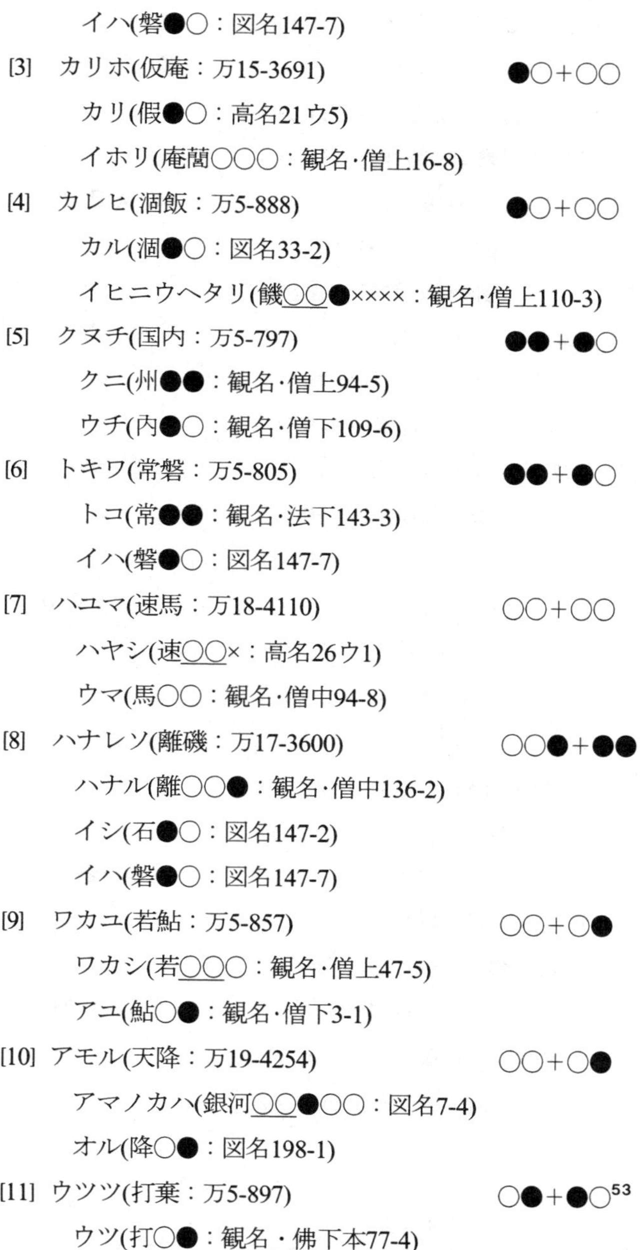

イハ(磐●○：図名147-7)

[3] カリホ(仮庵：万15-3691) ●○+○○

カリ(假●○：高名21ウ5)

イホリ(庵薗○○○：観名·僧上16-8)

[4] カレヒ(涸飯：万5-888) ●○+○○

カル(涸●○：図名33-2)

イヒニウヘタリ(饑○○●××××：観名·僧上110-3)

[5] クヌチ(国内：万5-797) ●●+●○

クニ(州●●：観名·僧上94-5)

ウチ(内●○：観名·僧下109-6)

[6] トキワ(常磐：万5-805) ●●+●○

トコ(常●●：観名·法下143-3)

イハ(磐●○：図名147-7)

[7] ハユマ(速馬：万18-4110) ○○+○○

ハヤシ(速○○×：高名26ウ1)

ウマ(馬○○：観名·僧中94-8)

[8] ハナレソ(離磯：万17-3600) ○○●+●●

ハナル(離○○●：観名·僧中136-2)

イシ(石●○：図名147-2)

イハ(磐●○：図名147-7)

[9] ワカユ(若鮎：万5-857) ○○+○●

ワカシ(若○○○：観名·僧上47-5)

アユ(鮎○●：観名·僧下3-1)

[10] アモル(天降：万19-4254) ○○+○●

アマノカハ(銀河○○●○○：図名7-4)

オル(降○●：図名198-1)

[11] ウツツ(打棄：万5-897) ○●+●○[53]

ウツ(打○●：観名・佛下本77-4)

ウツ(棄●○：観名·佛下本108-5)

[12] カカリ(斯有：万5-904) ●○+○●

カク(斯●○：観名・僧中35-3)

アリ(有○●：観名·佛中138-3)

[13] キタル(来至：万19-4160) ◑+●●○

ク(来◑：観名・僧下81-2)

イタル(到●●○：観名・僧上94-2)

[14] コキル(扱入：万19-4193) ○●+●○

コク(扱○●：色前・下8オ6)

イル(入●○：観名·僧下109-7)

[15] コギル(漕入：歌経標式[54]) ○●+●○

コグ(漕○●：観名・法上20-6)

イル(入●○：観名・僧下109-7)

[16] コチタシ(言痛：万2-116) ○○+○○●

コト(言○○：図名70-2)

イタシ(恫○○●：図名273-5)

[17] コム(子生：記歌72) ●+●○

コ(子●：観名・法下137-2)

ウム(生●○：観名・僧下91-3)

[18] ササグ(差上：仏足9) ○●+●○

サス(差○●：観名・佛下末28-1)

アグ(上●○：観名·佛中74-3)

[19] シカリ(然有：万17-3948) ○○+○●

シカモ(然○○●：観名・佛下末50-4)

アリ(有○●：観名·佛中138-3)

---

53 'ウツ(棄)'는 'スツ'의 고어 형태이다.

54 『時代別国語大辞典上代編』(三省堂, 1967)「こぎる」에서 발췌.

[20] ヌキツ(脱棄：万5-800) ○●+●○
ヌグ(脱○●：観名・佛中134-8)
ウツ(棄●○：観名·佛下本108-5)
[21] マキタル(参至：仏足12) ○●+●●○
マキル(入○●○：法単6オ4)
イタル(到●●○：観名・僧上94-2)
[22] メサグ(召上：万5-882) ○●+●○
メス(召○●：観名·佛中50-1)
アグ(上●○：観名·佛中74-3)

이 외에도『고지키(古事記)』에 보이는 'オヒシ'도【I】의 용례로 인정할 수 있다. 이 예는 [オホ(ofo, 大)+イシ(ici, 石)]로 보는 설과 [オヒ(ofi, 生)+イシ(ici, 石)]로 보는 설로 나뉜다. 그런데 가메이 다카시(亀井孝, 1962)의 지적[55]대로『니혼쇼키(日本書紀)』에 나타나는 가나 표기'於費異之'를 'オホイシ(ofoici)'로 읽기에는 무리가 있다. 제5장에서는 'オヒイシ(ofiici, 生石)'의 개연성이 높다고 보아 [オヒ(ofi, 生)+イシ(ici, 石)]로 보는 입장을 취한다. [オヒ(ofi, 生)+イシ(ici, 石)]로 생

55 가메이 다카시(亀井孝, 1962)는『日本書紀』에 보이는「費」가나 음가에 대하여 '「費」는 (한자음에서) 미운(未韻)에 속하는 글자이다. 즉, 거성(去声) 글자이다. 이 성조의 차이를 별도로 한다면, 그것은 미운(尾韻)의 거성(去声) 글자인「斐」와 완전히 같은 글자이다. 고지키(古事記)와 니혼쇼키(日本書紀)라는 간격은 있지만 만일 여기에 고지키(古事記)의「意斐志」쪽을 방패로 한다면 니혼쇼키(日本書紀)의「於費異之」는「オヒイシ」라 읽어야한 하는 개연석이 높다고 할 수 있을 것이다.(「費」は未韻の字である。すなはち、去声字である。この声(ショウ)のちがひを別にすれば、それは、尾韻(去声)の「斐」とまったくおなじ字である。古事記と書紀といふへだたりはあるけれども、もしここに古事記の「意斐志」の方をたてにとるなら、書紀の「於費異之」は「オヒイシ」と訓ずべき蓋然性がたかいといふべきである(pp161-162)」'라고 지적하고 있다.
한편,「オヒシ」를「生ひ石」라 해석하는 근거에 대해서는 이미『고지키(古事記)』(日本古典文学大系) 주석(p159)에 '意斐志の斐는 을류(乙類) 가나이며 生ふ(상2단활용동사)의 연용형 オヒ의 ヒ는 을류이므로 이것은「生ひ石」의 의미일 것이다'라고 설명하고 있다.

각한다면 마찬가지로 접합부분의 악센트 높이가 동일한 용례가 된다.

[23] オヒシ(生石：記歌13) ○●+●○
オフ(生○●：観·僧下91-3)
イシ(石●○：図147-2)

【Ⅱ】 접합 부분의 악센트 높이가 다른 경우

	[복합형]	[복합성분의 악센트]
[1]	アサケ(朝明：万17-3947)	○○+●○
	アサ(朝○○：古今·梅沢622)	
	アケヌ(明●○○：観名·佛中87-2)	
[2]	アルミ(荒海：万15-3582)	●●+●○
	アラシ(荒●●×：観名·僧上8-1)	
	ウミ(海●○：図名5-4)	
[3]	オフヲ(大魚：記歌110)	○○+●●
	オホミチ(大路○○○○：図名112-2)	
	ウヲ(魚●●：観·僧下1-2)	
[4]	ヨクス(横臼：記歌48)	●●+○●
	ヨコ(横●●：観名·佛下本57-3)	
	ウス(臼○●：観名·僧下71-5)	
[5]	ヒキル(引人：紀歌111)	●○+●○
	ヒク(引●○：観·佛上80-7)	
	イル(入●○：観·僧下109-7)	

이상에서 탈락형에 대해 다음과 같은 경향을 볼 수 있다.

첫째, 【Ⅰ】과 【Ⅱ】에서는 용례 수에서 큰 편중이 나타난다. 즉, 【Ⅰ】의 23 용례에 비해 【Ⅱ】는 5 용례에 지나지 않는다. 이 차이에 유의성을 인정한다면 【Ⅰ】과 같이 접합부분의 악센트 높이가 같은 경우에 탈락이 일어나기 쉽다는 뜻이 된다.

둘째, 【Ⅰ】의 경우에는 '복합성분에서의 악센트'와 '탈락추정 악센트'사이에 고저 배열의 변화, 다시 말해서 [○●+●○(저고저 형)]이 [○●●(저고고 형)]이 되는, 고저 배열 모습에 변화를 초래하는 케이스가 보이지 않는데 비해 【Ⅱ】의 경우는 고저 배열 순서에 변화가 발생할 가능성을 내포하고 있다. 아래에 예상되는 접합 형식과 용례를 제시한다(* 표시는 추정 악센트를 가리킨다. 이하 동일).

우선 【Ⅰ】의 경우에는 원래 높이가 같은 것끼리 하나가 되기 때문에 당연히 악센트 고저 배열에는 변화가 없다.

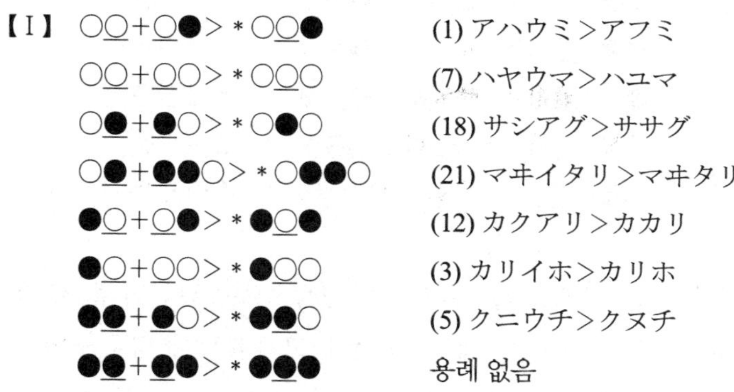

【Ⅰ】	○○+○●> * ○○●	(1) アハウミ>アフミ
	○○+○○> * ○○○	(7) ハヤウマ>ハユマ
	○●+●○> * ○●○	(18) サシアグ>ササグ
	○●+●●○> * ○●●○	(21) マヰイタリ>マヰタリ
	●○+○●> * ●○●	(12) カクアリ>カカリ
	●○+○○> * ●○○	(3) カリイホ>カリホ
	●●+●○> * ●●○	(5) クニウチ>クヌチ
	●●+●●> * ●●●	용례 없음

적어도 이 시기의 기내방언(畿内方言) 악센트에 관해서는 【Ⅰ】의 경우에 고저 배열 순서에 변화를 초래하지 않았을 것으로 추정된다. 단, (12)의 [カクアリ>カカリ]와 같이 중저형(中低型)[* ●○●] 악센트가 추정된 경우가 있다. 그러한 탈락형에서 악센트 조정이 이루어지지 않았다고는 말하기 어렵다[56]. 그러나 실제로는 중저형을 발생시킬 가

56 현대 교토어(京都語)을 비롯하여 대부분의 방언에서 한 문절 내부에서의 고음부분

능성은 낮고(⅛) 용례도 따로 더 나타나지 않는다. 따라서 전체적으로는 고저 배열 모습에 영향을 주지 않는 형태로 탈락이 발생했다고 보아도 무방할 것이다.

이에 반해 【Ⅱ】의 경우에는 접합 부분의 악센트 높이가 다르기 때문에 고저에 관해서는 '한쪽이 다른 한쪽에 흡수되는 형태'가 된다.

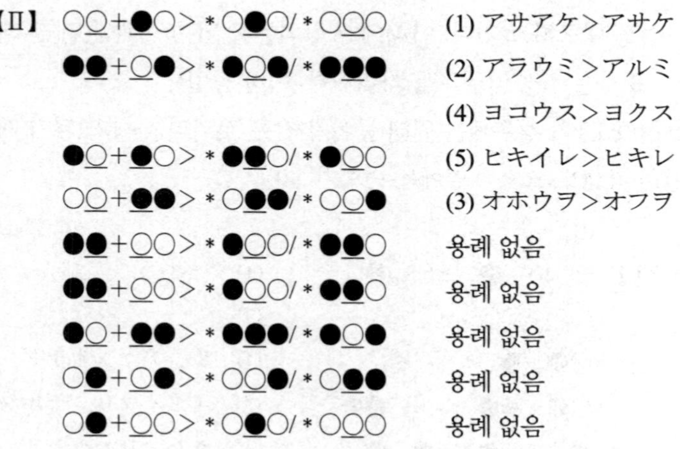

이 중 어느 쪽으로 흡수될지는 문헌상으로는 확인이 불가능하지만 (3) オホフヲ>オフヲ 처럼 어느 것도 고저 배열에 영향을 미치지 않는 경우는 적고 대부분의 용례에서 고저 배열 순서에 변화가 발생할 가능성을 지니고 있다. 여기서 【Ⅱ】의 탈락형이 【Ⅰ】보다 적은 것은 탈락에 의해 높고 낮은 배열 순서에 영향을 미치는 것을 피하는 경향이 있었기 때문이라 결론지을 수 있다.

셋째, 탈락형의 추정 악센트를 보면 고음 부분이 두 곳으로 나뉘는 경우가 적다는 경향도 지적할 수 있다. 탈락형 중에서 중저형이 되거나

이 두 곳 이상으로 나뉘어져서 존재하는 경우는 없다. 또 중고 말기 악센트 자료에서 복합어의 일부에 악센트 조정이 일어난 사실을 확인할 수 있다.

그 가능성이 있는 것은 다음 세 용례에 한정된다.(____선 부분)

【Ⅰ】 (12)カカ(●○)+アリ(○●)>カカリ(＊●○●)
【Ⅱ】 (2)アラ(●●)+ウミ(○●)>アルミ(＊●○●/＊●●●)
(4)ヨコ(●●)+ウス(○●)>ヨクス(＊●○●/＊●●●)

[＊●○●]와 같은 중저형 악센트가 그 상태로 실현되었는지 여부는 불분명하다. 게다가 【Ⅱ】 의 (2)(4) 경우는 [＊●●●]가 되어 중저형 악센트를 피할 수도 있었고 설령 그것들을 포함하더라도 추정 악센트에 고음 부분 분산을 볼 수 있는 탈락형은 극소수이다. 이러한 점에서 볼 때 고음 부분이 나뉘는 경우에는 탈락이 저지되기 쉽고 탈락형이 악센트 상에서도 한 단위로 확인될 경우에만 탈락이 일어나기 쉬웠다고 생각할 수 있다.

이상과 같은 세 가지 경향은 중고 시대의 문헌에 나타나는 탈락형에서도 확인할 수 있다. 중고 문헌에 처음 나오는 탈락형을 열거하면 다음과 같다.

【Ⅰ】 접합부분의 악센트 높이가 같은 경우

	[복합형]	[복합성분의 악센트]
[1]	ナガメ(長雨→霖○○●：観名·法下68-2)	○○+○●
	ナガシ(長○○×：観名・佛下本33-1)	
	アメ(雨○●：観名·法下65-8)	
[2]	カカグ(掻上→攑○●○：図名332-5)	○●+●○
	カク(掻○●：観名・佛下本81-1)	
	アグ(上●○：観名・佛中74-3)	
[3]	モタグ(持上→擡○●○：観名・佛下本73-7)	○●+●○
	モツ(持○●：観名·佛下本71-4)	

アグ(上●○：観名・佛中74-3)

[4] フミタ(文板→札●●●：観名・佛下本98-8) ●○＋○●

フミ(書●○：高99ウ6)

イタ(板○●：和名·伊10-5-22ウ)

[5] ウタゲ(打上→讌：観名·法上56-1) ○●＋●○

シリウタグ(踞○○○●○：図名106-4)

ウタ(○●：観名・佛下本77-4)

アグ(上●○：観名・佛中74-3)

[6] カトリ(堅織→絹：新選字鏡) ●●＋●○

カタシ(堅●●●：図名233-3)

オル(織●○：図名294-6)

[7] オオトナブラ(大殿油：源氏·末摘花) ○○＋○○●

トノ(殿○○：観名·僧中65-2)

アブラ(油○○●：図名36-6)

[8] ヒモ(氷面：枕草子90) ○＋○○

ヒ(氷○：図名65-2)

オモテ(面○○○：観・法上100-8)

[9] クミル(組入：栄花·浦々の別れ) ○●＋●○

クム(織○●：図名294-7)

イル(入●○：観名·僧下109-7)

[10] ハヒル(這：和泉式部集·上) ○●＋●○

ハフ(這○●：観名·佛上74-5)

イル(入●○：観名·僧下109-7)

【Ⅱ】 접합부분의 악센트 높이가 다른 경우

[복합형] [복합성분의 악센트]

[1] タラヒ(手洗○●○：図名16-6) ○＋●●○

テ(手○：観名·佛下本38-6)

アラフ(滌●●○：鎮Ⅱ1ウ7)

[2] キヌタ(衣板：砧碪○○○：観名·法中2-5) ○●+○●

キヌ(絹○●：図名294-1)

イタ(板○●：和名·伊10-5-22ウ)

[3] カヌチ(金打→鉱：新選字鏡) ●●+○●

カネ(金●●：観名·僧上113-6)

ウツ(打○●：観名·佛下本77-4)

[4] ホシヒ(干飯→餱：新選字鏡) ○●+○○

ホス(干飯○●：高名44ウ5)

イヒニウヘタリ(饑○○●××××：観名·僧上110-3)

우선, 복합성분의 연접 부분에서 악센트 높이가 같은 탈락형(【Ⅰ】)이 그렇지 않은 탈락형(【Ⅱ】) 보다 많고(【Ⅰ】이 10 용례, 【Ⅱ】가 4 용례) 따라서 악센트 높이의 배열에도 변화가 발생하지 않거나 또는 변이를 발생할 가능성이 높은 것을 알 수 있다. 또한 중저형(中低型) 악센트가 될 것 같은 경우의 탈락형도 적은 경향이 있다. 중고에서의 탈락형 추정악센트에서 중저형이 될 것 같은 케이스는 아래의 두 용례에 지나지 않는다.

【Ⅰ】(4)フミ(●○)+イタ(○●)>フミタ(＊●○●)

【Ⅱ】(3)カネ(●●)+ウチ(○●)>カヌチ(＊●○●/＊●●●)

단, 【Ⅰ】(4)의 경우, [●●●]와 같은 악센트 조정을 받았다는 사실을 『루이쥬묘기쇼(類聚名義抄)』(観·佛下本98-8)에서 확인할 수 있으며 【Ⅱ】(3)도 [＊●●●]의 가능성도 있으므로 실제로는 중저형이 되는 일은 극력 피했을 것으로 보인다.

중고 시대의 경우에는 탈락형 악센트를 확인할 수가 있으며[57], 추정 악센트와 실제 악센트가 일치하는 경향을 확인할 수 있으므로 그를 통해서도 위와 같은 사항을 확인할 수 있다.

	[추정악센트]	[실제 악센트]
【Ⅰ】	(1) ○○+○●＞＊○○●	ナガメ ○○●
	(3) ○●(キ)+●○＞＊○●○	カカグ ○●○
	(4) ●○+○●＞＊●○●	フムダ ●●●
【Ⅱ】	(1) ○+●●○＞＊○●○/＊●●○	タラヒ ○●○
	(2) ○●+○●＞＊○○●/＊○●●	キヌタ ○○○

【Ⅰ】의 경우, 4 용례중 3 용례((1)~(3))의 추정 악센트가 실제 악센트와 일치하고 있다. (4) フミタ의 경우에는 중저형의 불안정함을 해소하기 위하여 악센트 조정이 일어난 것으로 보인다. 한편 【Ⅱ】의 경우에는 (1) タラヒ는 '어떤 단어가 낮게 시작하면 그 파생어나 복합어도 모두 낮게 시작한다'[58]는, 당시 일본어에서의 규칙이 작용하여 고저 배열에 변화가 일어나지 않은 것으로 보인다. (2) キヌタ는 추정 악센트의 단계를 거친 다음, 뭔가의 사정에 의해 [○○○]로 변화했을 것으로 보인다.

이상에서 중고 시대 문헌에서 나타나는 모음 탈락형의 경우에도 상대 일본어와 마찬가지 경향을 확인할 수 있음을 밝혔다. 중고 문헌에 처음 나타나는 탈락형의 경우, 그것들이 상대에서도 탈락 형태로 존재했

57 상대 탈락형 중, 중고 시대 자료에 의해 악센트가 확인되는 경우에 추정악센트와는 꼭 일치하지는 않는다. 예를 들면 [トキハ(常磐)]는 [トコ(●●)+イハ(●○)＞トキハ(＊●●○)] 과정을 추정할 수 있는데, 실제로는 [トキハ(常磐●●● : 図名148-2)]로 나온다. 이는 이미 일부 복합어에서 악센트 조정이 일어났기 때문으로 추정된다.

58 긴다이치(金田一, 1953)「国語アクセント史の研究が何に役立つか」『金田一博士古稀記念言語民俗論叢』p329-354 참조.

을 지의 여부에 대해서는 확인할 수 없지만 상대와 마찬가지 경향을 보인다는 점은 모음탈락이 같은 조건하에서 일어났음을 시사하는 것이어서 주목할 만하다. 단, 이상과 같은 결과를 뒷받침하기 위해서는 비탈락형에 관해서도 이를 지지할 만한 경향이 인정되어야 하므로 검토가 필요하다. 따라서 3.3에서는 비탈락형에 관해 고찰한다.

3.3 비탈락형의 악센트

비탈락형의 경우, 'ヤスイ(yacui, 安寝)' 'キイル(kiiru, 来入)'와 같이 탈락이 사실상 불가능한 용례에 대해서는 탈락하지 않는 이유를 악센트에서 찾을 수 없기 때문에 고찰 대상에서 제외한다. 한편 겉보기에는 복합한 것처럼 보이지만 단순한 두 요소의 연접에 지나지 않는 것들도 있으므로 이러한 용례도 원래 제외시켜야할 것이다. 그러나 그것이 복합한 상태인지 두 요소의 연접상태인지에 대한 판별이 곤란한 경우가 많으므로 복합 가능성이 있는 것은 모두 열거하기로 한다. 단, 판별 곤란한 용례들은 특히 복합동사나 복합형용사에 해당하는 것들에 많이 나타난다. 따라서 복합명사에 해당하는 것을'복합명사 형식' 복합동사나 복합형용사에 해당하는 것들을 합쳐 '복합용언 형식'이라 부르기로 하고 복합명사 형식 용례와 복합용언 형식 용례를 나누어 검토하기로 한다. 단, [복합용언 형식] 중에는 [2]ウチオク(utioku, 打置)와 같이 선행성분이 실질적인 의미를 잃어버리고 접두사화한 용례도 포함하고 있는데 다음과 같은 용례는 제외하기로 한다. 그러나 이들을 고찰 대상으로 넣어도 전체 경향은 변하지 않는다.

(A) 동사와 동사 사이에 해석상 접속조사 テ나 ツツ의 개입을 허용하고 분명히 두 동작의 연속으로 해석할 수 있는 것[59]
예) わが愛し妻にい<u>及き逢はむ</u>かも(記歌58)

(B) 선행요소와 후행요소 사이에 격조사를 넣어 해석할 수 있는 것
예) 旅去にし君が→旅に去にし君が(万17-3937)

우선 복합명사 형식 용례들이다.

【Ⅰ】 접합 부분의 악센트 높이가 같은 경우

	[복합형]	[복합성분의 악센트]
[1]	アサアメ(朝雨：記歌4)	○○+○●
	アサ(朝○○：古今·梅沢622)	
	アメ(雨○●：観名・法下65-1)	
[2]	カムオヤ(神親：万18-4096)	○○+○○
	カミ(靈○○：観名・法下66-2)	
	トホツオヤ(高祖父●●●○○：鎮・Ⅲ64ウ-1)	
[3]	カルウス(唐臼：万16-3817)	○○+○●
	カラウス(碓○○○●：図名156-2)	
	ウス(臼○●：観名・僧下71-5)	
[4]	マゲイホ(玉庵：万5-892)	●○+○○
	マグ(曲●○：観名・僧下125-7)	
	イホリ(庵藺○○○：観名・僧上16-8)	

【Ⅱ】 접합 부분의 악센트 높이가 다른 경우

	[복합형]	[복합성분의 악센트]
[1]	アヲウナハラ(碧海原：万20-4514)	○●+○●○●
	アヲウナハラ (滄溟○●○●○●：図名5-7)	
[2]	ウライソ(浦磯：万15-3629)	○○+●●
	ウラ(浦○○：鎮Ⅱ11オ-5)	

---

59 세키 가즈오(関一雄, 1958)「中古・中世のいわゆる複合動詞について—源氏·栄花·宇治拾遺·平家の四作品 における—」『国語学』32 pp48-58의 지적에 따름.

イシ(石●○：図名147-2)

[3] コトアゲ(言上：万18-4124) ○○+●○

コト(言○○：図名70-2)

アグ(上●○：観名·佛中74-3)

[4] フセイホ(伏庵：万5-892) ○●+○○

フス(伏○●：観名·佛上13-6)

イホリ(庵○○○：観名·僧上16-8)

[5] フナアマリ(舟余：記歌86) ○●+○○●

フネ(船○●：観名・佛下本2-1)

アマル(余○○●：鎮名Ⅲ①33ウ4)

[6] ミヅウミ(水海：万17-3993) ●●+○

ミヅ(水●●：観名・法上1-3)

ウミ(海○●：図名5-4)

[7] ヨアカシ(夜明：万15-3721) ○+●●○

ヨ(夜○●<ヨル>：観名·法下40-7)

アカシ(赫●●シ：観名·僧下85-5)

[8] ヰグヒウチ(杙打：記歌44) ●●+○●

クヒ(杙●●：和名·伊10-5-22オ)

ウツ(打○●：観名·佛下本77-4)

다음은 복합용언 형식의 용례들이다.

【Ⅰ】접합 부분의 악센트 높이가 같은 경우

[복합형] [복합성분의 악센트]

[1] アソビアルク(遊歩：万5-804) ●●○+○●○

アソブ(嬉●●○：高名54ウ5)

アリク(行○●○：観名·佛上42-8)

[2] ウチオク(打置：万5-804) ○●+●○

ウツ(打○●：観名·佛下本77-4)
オク(置●○：観名·僧中10-1)

[3] ウツシオク(移置：仏14) ○○●+●○
ウツス(遷○○●：観名·佛上46-6)
オク(置●○：観名·僧中10-1)

[4] トリアグ(取上：万18-4129) ○●+●○
トル(取○●：観名·僧中52-2)
アグ(上●○：観名·佛中74-3)

[5] フキアグ(吹上：記歌55) ○●+●○
フク(風○●：観名·僧下51-1)
アグ(上●○：觀名·佛中74-3)

[6] フリオク(降置：万17-4001) ○●+●○
フル(雨○●：観名·法下65-8)
オク(置●○：観名·僧中10-1)

[7] ユキアフ(行合：記歌102) ●○+○●
ユク(足●○：図名·102-2)
アフ(合○●：観名·僧中1-3)

[8] ヨリアフ(寄合：万15-3658) ●○+○●
ヨル(●○：観名·法下52-8)
アフ(合○●：観名·僧中1-3)

【Ⅱ】 접합부분의 악센트 높이가 다른 경우

[복합형] [복합성분의 악센트]

[1] クモリアフ(曇合：万18-4122) ○○●+○●
クモル(陰○○●：図名202-7)
アフ(合○●：観名·僧中1-3)

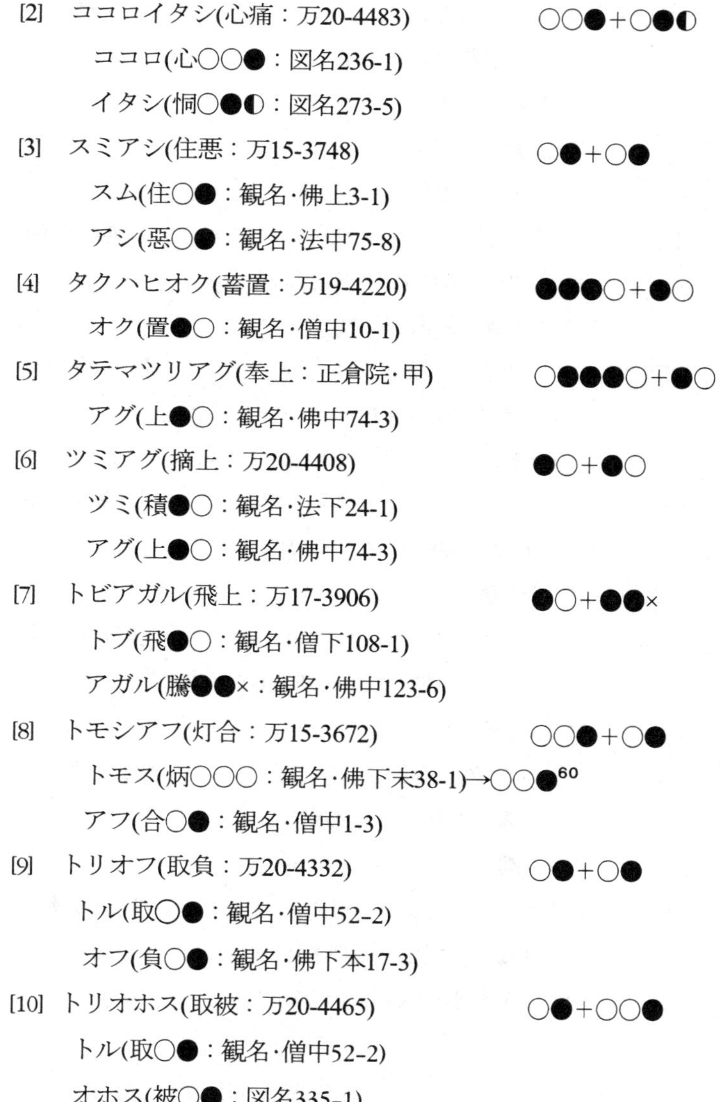

[2] ココロイタシ(心痛：万20-4483) ○○●+○●◐
ココロ(心○○●：図名236-1)
イタシ(恫○●◐：図名273-5)

[3] スミアシ(住悪：万15-3748) ○●+○●
スム(住○●：観名·佛上3-1)
アシ(悪○●：観名·法中75-8)

[4] タクハヒオク(蓄置：万19-4220) ●●●○+●○
オク(置●○：観名·僧中10-1)

[5] タテマツリアグ(奉上：正倉院·甲) ○●●●○+●○
アグ(上●○：観名·佛中74-3)

[6] ツミアグ(摘上：万20-4408) ●○+●○
ツミ(積●○：観名·法下24-1)
アグ(上●○：観名·佛中74-3)

[7] トビアガル(飛上：万17-3906) ●○+●●×
トブ(飛●○：観名·僧下108-1)
アガル(騰●●×：観名·佛中123-6)

[8] トモシアフ(灯合：万15-3672) ○○●+○●
トモス(炳○○○：観名·佛下末38-1)→○○●[60]
アフ(合○●：観名·僧中1-3)

[9] トリオフ(取負：万20-4332) ○●+○●
トル(取○●：観名·僧中52-2)
オフ(負○●：観名·佛下本17-3)

[10] トリオホス(取被：万20-4465) ○●+○○●
トル(取○●：観名·僧中52-2)
オホス(被○●：図名335-1)

---

60 긴다이치(金田一, 1974)의 악센트 단어별 분류에 따르면, 3음절 동사의 악센트는 제1류(第一類)가 [●●○], 제2류(第二類)가 [○○●]이다. 따라서 'トモス(炳)'는 악센트 체계 면에서 볼 때, [○○●]일 가능성이 매우 높다.

[11] ナミオク(並置：万20-4310 ●○+●○
　ナラブ(竝●●○：図名112-3)
　ナム(並●○：古今·毘沙門堂本111)
　ナブ(並●○：古今·梅沢本111)
　オク(置●○：観名·僧中10-1)
[12] ニナヒアフ(担合：万18-4083) ○○●+○●
　ニナフ(荷○○●：観名·僧上6-1)
　アフ(合○●：観名·僧中1-3)
[13] フミオク(踏置：仏7) ●○+●○
　フム(踏●○：図名102-4)
　オク(置●○：観名·僧中10-1)
[14] モトメアフ(求合：万17-4014) ○○●+○●
　モトム(求○○●：観名·僧下108-4)
　アフ(合○●：観名·僧中1-3)
[15] モミチアフ(黄葉合：万20-4296) ○○●+○●
　モミヅ(黄草○×●：観名 · 僧上1-8)
　アフ(合○●：観名·僧中1-3)
[16] ヒキウウ(引植：万18-4113) ●○+●○
　ヒク(引●○：観名·佛上80-7)
　ウウ(植●○：観名·佛下本85-8)
[17] ヲリアカス(居明：万18-4068) ●○+●●×
　ヲル(居●○：観名·法下89-4)
　アカシ(赫●●×：観名·僧下85-2)

이상, 비탈락형에 대해 다음과 같은 점을 지적할 수 있다.

첫째, 접합부분의 악센트 높이가 같은 용례(【Ⅰ】)보다 다른 용례(【Ⅱ】)쪽이 더 많다.

복합명사형식 : 【Ⅰ】 4 용례, 【Ⅱ】 8 용례
복합용언형식 : 【Ⅰ】 8 용례, 【Ⅱ】 7 용례

둘째, 접합부분의 악센트 높이가 다른 용례(【Ⅱ】)의 경우, '복합성분의 악센트'와 혹여 탈락했을 것으로 가정했을 경우의 '추정 악센트'와의 사이에 고저 배열에 변화가 생길 가능성이 높다.

다음으로 '탈락을 가정한 형태의 추정 악센트'에 대해 전항・후항 각 2음절씩 조합한 유형별로 실례를 대조하면서 제시하면 다음과 같다(밑줄은 고저 배열에 변화가 생기는 경우).

A […○●+○●…> ＊…○○●…・＊…○●●…]형
복합명사 형식 : [1] アヲウナハラ
복합용언 형식 : [1] クモリアフ, [2] ココロイタシ
[3] スミアシ, [8] トモシアフ
[9] トリオフ, [12] ニナヒアフ,
[14] モトメアフ, [15] モミチアフ

B […●○+●○…> ＊…●●○…・＊…●○○…]형
복합명사 형식 : 용례 없음
복합용언 형식 : [4] タクハヒオク, [5]タテマツリアグ
[6] ツミアグ, [11] ナミオク
[13] フミオク, [16] ヒキウウ

C […○○+●○…> ＊…○○○…・＊…○○○…]형
복합명사 형식 : [3] コトアゲ
복합용언 형식 : 용례 없음

D […○●+○○…> ＊…○○○…・＊…○●○…]형
복합명사 형식 : [4] フセイホ, [5] フナアマリ
복합용언 형식 : [10] トリオホス

E [···●●+○●···> ＊···●○●···・＊···●●●···]형

복합명사 형식 : [6] ミヅウミ, [8] クヒウチ

복합용언 형식 : 용례 없음

F [···●○+●●···> ＊···●●●···・＊···●○●···]형

복합명사 형식 : 용례 없음

복합용언 형식 : [7] トビアガル, [17] ヲリアカス

G [···○○+●●···> ＊···○●●···・＊···○○●···]형

복합명사 형식 : [2] ウライソ, [7] ヨアカシ

복합용언 형식 : 용례 없음

H [···●●+○○···> ＊···●○○···・＊···●●○···]형

복합명사 형식 : 용례 없음

복합용언 형식 : 용례 없음

위의 결과를 보면 추정 악센트의 패턴은 8가지로 나눌 수 있다. 이 중에서 탈락하면 고저의 배열에 반드시 변화가 발생하는 경우는 A형과 B형으로 전체 용례의 과반수(25용례 중 14용례)를 점하고 있음을 알 수 있다.또 고저 배열 순서에 변화를 일으킬 가능성이 있는 것은 C형~F형으로 8 용례가 확인된다. 한편, 고저 배열 순서에 영향을 미치지 않는 것은 G형과 H형인데, H형은 실제 용례가 없으므로 G형의 2 용례밖에 없게 된다. 이처럼 비탈락형의 경우에 고저배열에 변화가 발생하거나 그럴 가능성이 높은 경우가 많다.

셋째, 비탈락형의 경우, 탈락하면 중저형(中低型) 악센트가 되기 쉽다는 경향을 엿볼 수 있다. 특히 C형~F형에서는 고저의 배열에 변이를 일으킬 가능성도 있지만 동시에 일으키지 않을 가능성도 있으며 일으키지 않을 경우에는 중저형이 되기 쉽다.

【Ⅰ】 복합용언 형식 :

[1] アソビ(●●○)+アルク(○●○)> * ●●○●○

[7] ユキ(●○)+アフ(○●)> * ●○●

[8] ヨリ(●○)+アフ(○●)> * ●○●

【Ⅱ】 복합명사 형식 :

D형 [5] フネ(○●)+アマリ(○○●)> * ○●○●

E형 [6] ミヅ(●●)+ウミ(○●)> * ●○●

[8] クヰ(●●)+ウチ(○●)> * ●○●

복합용언 형식 :

D형 [10] トリ(○●)+オホス(○○●)> * ○●○●

F형 [7] トビ(●○)+アガル(●●○)> * ●○●○

[17] ヲリ(●○)+アカス(●●○)> * ●○●○

【Ⅱ】의 경우, D형~F형에서 나타난다. 이것들은 고저의 배열 순서를 지키려고 하면 중저형이 되지만 반대로 중저형을 막으려하면 고저 배열 순서에 변화를 일으킨다.

이상과 같이 비탈락형에서는 탈락형에서의 경향과는 완전히 반대 경향이 나타나는 것을 확인하였다. 이는 분명,

① 접합부분의 악센트 높이의 차이

② 악센트 고저배열 순서에 변화

③ 고음 부분이 두 곳 이상으로 나눠지기 때문에 악센트 측면에서의 단일화가 깨질 위험성

이라는 조건이 모음탈락을 막는 요인으로 작용하고 있다는 것을 의미한다.

그런데, 접합 부분의 악센트 높이가 같은【Ⅰ】에 속하고 중저형이 될 위험성이 없음에도 불구하고 탈락이 일어나지 않는 용례는 복합명사 형식에 4 용례, 복합용언 형식에 5 용례가 보인다.

복합명사 형식 : [1] アサアメ(朝雨：○○+○●)
[2] カムオヤ(神親：○○+○○)
[3] カルウス(唐臼：○○+○●)
[4] マゲイホ(玉庵：●○+○○)
복합용언 형식 : [2] ウチオク(打置：○●+●○)
[3] ウツシオク(移置：○○●+●○○)
[4] トリアグ(取上：○●+●○)
[5] フキアグ(吹上：○●+●○
[6] フリオク(降置：○●+●○)

복합명사 형식의 경우, 탈락하지 않는 이유에 관해서는 명확하지 않지만 복합명사 형식 용례 중에는 'カラウス(karaucu, 唐臼)'처럼 탈락이 일어나지는 않았지만 역행동화를 일으킨 것(カルウス(kara·ucu>karu·ucu))도 있으며 탈락할 가능성이 높은 복합어였지 않았을까 생각되는 부분이 있다.

한편, 복합용언 형식의 경우에는 단어마다 여러 요인이 모음탈락에 영향을 미치고 있는 듯하다. 다시 말해서 'オク(oku, 置)'의 경우, 복합어의 후행요소가 되면 탈락하지 않는 경향이 있다(복합용언형식 [2] [3] [6] 참조). 또 'アグ(agu, 上)'의 경우는 탈락이 일어나기 쉬운 단어였으나 'アグ(agu, 上)' 본래의 의미를 떠나 겸양 보조동사로서 사용된 [サシアグ(caciagu, 差上)>ササグ(cacagu)] [メシアグ(meciagu, 召上)>メサグ(mecagu)] 등에 비해 'トリアグ(toriagu, 取上)' 'フキアグ

(fukiagu, 吹上)'는 상대적으로 'アグ(agu, 上)' 본래의 의미가 의식되기 쉬웠으므로 탈락이 일어나지 않은 것으로 본다[61].

이처럼, 탈락하는 조건을 지니는 단어에서 반드시 탈락이 일어나는 것은 아니지만 그러한 예들을 제외하더라도 비탈락형에서 악센트 높이가 다른 용언 쪽이 많은 경향에는 변함이 없다. 덧붙여 말하면 운문의 정수 구(定数句)에서 【I】 쪽이 많이 나타나는 경향은 없으며 음수율의 영향에 의해 탈락하지 않았다고는 생각할 수 없다는 것도 지적해 둔다.

4 모음탈락과 악센트의 관련

지금까지 탈락형과 비탈락형의 복합성분에 대하여 악센트 측면에서 검토하고 양자간에 '접합 부분의 악센트 높이' 및 '악센트 측면에서의 한 단위화'에서 대조적인 경향이 나타남을 밝혔다. 4절에서는 그러한 경향성이 지닌 의미에 대하여 구체적으로 논해 보기로 한다.

4.1 탈락형에서의 악센트 보존과 융합표시

우선 악센트의 고저에 관해서는 이미 되풀이해서 설명한 것처럼 다음과 같은 경향을 볼 수 있다.

> 선행요소의 말미음절 및 후행요소의 어두음절에서의 악센트 높이가 같을 경우에 탈락이 일어나기 쉽고 악센트의 고저 배열 순서에 변화를 발생시

61 단, 중고 문헌에는 'カカグ(kakagu, 掻上)' 'モタグ(motagu, 持上)' 와 같은 탈락형도 보인다. 이들은 겸양의 의미를 나타내는 'アグ(agu)'는 아니지만 접합 부분의 악센트 높이가 같은 【I】에 속한다.

키지 않는다. 한편, 악센트 높이가 다른 경우에는 탈락이 일어나기 어렵고 고저 배열 순서에도 변화가 일어나기 쉽다.

상대에 보이는 탈락형은 중고 이후에 일부 탈락형을 제외하고는 모습을 감춰, 본래의 단어형(비탈락형)이 쓰이게 된다. 그 과정에서 위와 같은 경향을 보인다는 점은 중요한 의미를 갖는다. 즉, 고마쓰(小松, 1977)에서도 지적이 있었던 것처럼, 탈락에 의해 접합 부분이 1음절이 되더라도 전체적으로는 원래의 단어 악센트가 보존되기 쉽고 탈락형으로부터 복합성분 본래의 악센트를 상기시키는 것도 가능했기 때문에 탈락형은 비교적 간단히 두 형태소로 분리되기 쉬운 상태에 있었다고 볼 수 있다.

アリソ(arico, 荒磯●●●)＞アラ(ara, 荒●●)＋イソ(ico, 磯●●)
ヌキツ(nukitu, 脱棄○●○)＞ヌキ(nuki, 脱○●)＋ウツ(utu, 棄●○)

모음탈락은 본디, 그 자체로 본래의 단어 형태를 상기시키기 쉬운 방법이었을 것이다. 예를 들면 양 모음이 전혀 다른 모음으로 바뀌는 모음융합형과 모음 탈락형을 비교해 보았을 때,

(A) ナゲキ(長息)　　naga + iki ＞ nagëki (＞nag?+?ki)
(B) アリソ(荒磯)　　ara + ico ＞ arico (＞ar?+ico)

본래의 단어 형태를 상기할 때 (A)와 같은 [ë] 대신에 두 개의 모음을 보완해야만 하는데 반해, (B)의 경우에는 하나의 모음만을 보충하면 된다. 물론 어느 쪽이 본래의 어형을 상기시키기 쉬웠나 하는 부분에 대해서는 단순히 비교할 수 있는 성질의 것은 아니지만 탈락 쪽이 융합에 비

해 상대적으로 본래의 어형을 상기시키기 쉬웠지 않았을까 한다.

이처럼 본래의 어형을 상기시키기 쉬운 모음탈락의 경우에 원래 지니고 있던 악센트가 보존됨으로써 양 형태소는 보다 분리가 쉬운 상태에 있었을 것으로 추정되는데, 덧붙여 탈락의 경우에는 다음과 같은 경향이 보이는데도 주목할 필요가 있다.

> 탈락형의 대부분은 악센트 측면에서도 단일 단위이고 고음 부분이 두 곳 이상으로 나뉠 경우는 아주 적다.

상대에서도 중저형 악센트를 지니는 탈락형의 경우, 아마도 악센트 조정이 일어났을 것으로 사려되지만 확인은 불가능하다. 그러나 탈락에 의해 중저형이 되거나 중저형이 될 가능성이 있는 탈락형은 전체 용례(28 용례) 중, [カクアリ(斯有●○○●)＞カカリ] [アラウミ(荒海●●○●)＞アルミ] [ヨコウス(横臼○●●○●)＞ヨクス]의 3 용례에 그친다. 비탈락형에서 중저형이 되거나 그 가능성이 있는 것들이 탈락형에 비해 상대적으로 많다(36 용례 중 9 용례)는 점을 고려할 때 중저형이 되어서 악센트 조정을 받을 상황에 있는 경우는 모음탈락이 저지되기 쉬었다는 것을 엿볼 수 있는 대목이다.

모음탈락에 대해서는 단순한 '연모음 회피'가 아니라 '형태소간의 융합 지표'라는 지적도 있듯이, 위와 같은 경향도 그것을 뒷받침해주는 것이라 생각한다. 다시 말해서 악센트 상에서도 한 단위로 인식할 만한 복합어에서 모음탈락에 의한 '융합 표시'가 실현되기 쉬었던 것이다.

이상, 탈락형에 나타나는 두 가지 경향에서 상대에서의 모음탈락 현상과 악센트 사이에 상관성이 있다는 점을 확인하였다.

4.2 복합어에서의 융합표시와 어형표시

마지막으로 악센트와 탈락형의 관련성을 논할 때 고려해야만 할 과제 중의 하나로 '왜 상대에 보이는 탈락형의 대부분이 중고 이후에 원래의 형태로 쓰이게 되었는가' 하는 문제가 있다. 상대에 나타나고 중고에서도 보이는 탈락형 중에

(1) トキハ(tokifa, 常磐), アフミ(afumi, 淡海)
(2) カカリ(kakari, 斯有), シカリ(cikari, 然有)
(3) コチタシ(kotitaci, 言痛)

는 탈락형만이 나타난다. (1)의 경우, 의미가 특수화된 단어('トキハ(tokifa)'는 영원불변한 것, 'アフミ(afumi)'는 담수(淡水)로 된 호수, 즉, 비와 호(琵琶湖)의 다른 이름)으로 고정화 되고 모노가타리(物語)의 설명문(地の文)에서도 사용되기도 하지만 주로 와카(和歌)에서 마쿠라고토바(枕詞)나 가케고토바(掛詞)로서 많이 사용되고 고정화된 표현이었던 것으로 보인다. (2)는 [형용사 연용형(～ク(ku))＋アリ(ari)＞～カリ(kari)]와 같은 カリ(kari) 활용과 병립하여 그것에 따라가는 형태로 탈락이 이루어진 것으로 보인다. (3)은 형용사로서 정착화한 경우이다.

그 밖의 탈락형에서는 [ウツツ(ututu, 打棄)→ウチスツ(uticutu)]처럼 복합 성분의 어형 자체가 변화하거나 [ハナレソ(fanareco, 離磯)] [ワカユ(wakayu, 若鮎)]처럼 전혀 문헌에 나타나지 않는 것도 있지만 시기의 빠르고 늦음은 있다 손치더라도 본래의 어형과 탈락형이 병존('荒磯' '差上' 등)하거나 본래의 어형만('荒海' '召上' 등)이 쓰이게 된다.

荒磯：ありそ海のまさごの数はしりぬれど…

(宇津保物語·菊の宴·歌)

荒磯(アライソ)の岩にくだくる浪なれや… (千載和歌集653)

差上：御贈り物どもささげたてまつり給ふ (源氏物語·若柴)

しとみさしあげたるところにやどりて

(かげろふ日記·上·安和元年)

召上：帝「承るものなり」とて、宣旨くだりて召しあげられぬ

(宇津保物語·吹上の下)

荒海：人の見及ばぬ蓬菜の山荒海(アラウミ)の怒れる魚のすがた、

(源氏物語·帚木)

본래 형태소간의 융합지표로서 모음탈락이 일어났다고 한다면 원래의 어형으로의 회기는 불필요했을 터이다. 이러한 탈락형에서의 회기 요인에 대하여 고마쓰(小松, 1977)은 다음과 같이 지적한다.

> 그것(일부 복합동사에 보이는 탈락형의 회기：필자 주)이 가마쿠라(鎌倉) 시대의 어느 시기에 나타났다는 것은 복합의 지표가 모음탈락 이외의 요인으로 전환했기 때문으로 추정된다. 형태소를 드러내고 단어 구성을 명확히 한 다음 전체를 한 단위의 악센트로 감싼다면 그 전환은 가능하다. それ(一部に複合動詞に見られる脱落形の回帰：筆者注)が鎌倉時代のある時期に顕現したのは、複合の指標が母音脱落以外の要因に転換したからであると推定される。形態素を裸出させ、語構成を明確化したうえで、全体をひとまとまりのアクセントでおおうようにするならば、その転換は可能である。 [p385]

고마쓰 씨의 지적은 중고 말기에 복합어의 악센트 조정이 빈번히 일어나게 되는 시기와 꼭 겹치는 형태로 탈락형의 대부분이 본래의 어형으로 회기하고 있다는 역사적 사실과도 부합되며 타당한 해석이라 생각한다.

여기에 덧붙여 본 장에서는 모음탈락이 지니는 '융합표시'의 한계성도 본래의 어형으로의 회기를 촉진하는 요인이 되었다고 생각하고 있다. 즉, 상대 일본어의 복합어에서 모음탈락은 가장 일반적인 음운 현상의 하나이고 단어의 유형화(예를 들면[~イソ(ico, 磯) : アリソ(arico, 荒磯)・ハナレソ(fanareco, 離磯)] [~アグ(agu, 上) : ササグ(cacagu, 差上)・メサグ(mecagu, 召上)])를 만들어내는데 효과적인 방법이었다. 그러나 모음음절로 시작하는 단어가 복합어의 후행요소가 되지 않는 한 탈락이 일어날 수 없다는, 복합의 지표 수단으로서의 한계가 있었다. '융합표시' 수단이 악센트에 비해 적용되는 범위가 좁았던 모음탈락을 대신하여 악센트 조정으로 기우는 것은 역사적으로 필연적인 것이었다고 본다.

이처럼 모음탈락에 의한 융합표시 수단은 점점 늘어가는 복합어에 대응할 수 없었기 때문에 쇠퇴해져 가고 탈락형 자체도 원래의 어형으로 회귀해 갔다고 본다.

5 정리

본 장에서는 상대 일본어에 나타나는 모음의 탈락형 및 비탈락형에 대해서 복합어의 접합면에서의 악센트 높이 차이라는 측면에서 검토하고 양자 사이에 상관성이 인정된다는 사실을 밝혔다. 구체적으로 열거하면 다음과 같다.

① 선행요소의 말미음절 및 후행요소의 어두음절에서 악센트 높이가 같은 경우에는 탈락이 일어나기 쉽고 다른 경우에는 탈락이 일어나기 어려웠다.

② 복합어 전체의 악센트에 고저 배열이 변화하지 않는 경우에 탈락하기 쉬웠다.

③ 탈락형의 대부분은 악센트 면에서도 한 단위라는 것이 표시되고 복합에 의해 고음 부분이 두 곳으로 나뉠 경우에는 모음탈락이 회피되는 경향이 있었다.

본 장의 고찰에 의해 모음이 탈락하더라도 원래의 악센트는 보존되고 양 형태소는 분리 가능한 상태에 있었다는 점, 게다가 모음탈락에 의한 양 형태소의 표시는 악센트 상에서도 한 단위로 인식될 수 있는 경우에 실현되기 쉬웠던 것을 확인할 수 있었다.

또한, 본 장은 상대의 탈락형의 악센트를 생각하는데 중고 악센트 자료를 사용하더라도 상관없다는 전제하에 고찰을 진행하고 있는데, 상대에서의 탈락형과 중고에서의 탈락형 사이에 동일한 경향이 보인다는 점에서 상대와 중고가 같은 악센트 체계 하에 있었다고 볼 수 있다는 점도 확인할 수 있었다.

본장에서 도출된 일련의 경향이 모음탈락 현상에 국한되는 것인지, 아니면 복합어의 접합 부분에 발생하는 다른 현상에도 적용되는지 자세히 검토할 여지가 있다. 제6장에서는 음절탈락을 통하여 위 문제를 고찰한다.

고대일본어의 음 탈락 연구

제6장

기능적 측면에서 본 음절탈락

1. 음절탈락이란
2. 음절의 탈락형
3. 음절탈락과 악센트
4. 음절탈락의 기능
5. 정리

고대일본어의 음 탈락 연구

제6장

기능적 측면에서 본 음절탈락

지금까지 상대 일본어에서 나타나는 모음탈락 현상에 관하여 문체적 측면과 비탈락형과의 관계에서 재검토해 본 결과, 운문에서의 모음탈락과 산문에서의 모음탈락을 동일시해서는 안 된다는 점, 모음탈락 현상을 표기법으로서의 자훈탈락 용례와도 함께 취급해서는 안 된다는 점, 음수율의 제약을 받지 않는 복합어에서 모음탈락과 악센트 사이에 상관성이 인정된다는 점 등을 밝혔다.

여기에서는 [カハハラ(kafafara, 河原)＞カハラ(kafara)] [オノレ(onore, 爾)＞オレ(ore)] [タマフ(tamafu, 給)＞タブ(tabu)] 와 같이 표기법 면에서 음절이 탈락한 것처럼 보이는 용례들에 대하여 기능적인 측면에서 고찰한 다음 언어 운용상에서 모음탈락 현상과 어떠한 공통점과 차이점이 보이는지에 대하여 검토하기로 한다.

1 음절탈락이란

상대 문헌에 다음과 같이 표기상 음절이 탈락한 것처럼 보이는 용례가 있다.

(1) a. ひさかたの天の香具山とかまにさわたる久毘(クビ) (記歌27)

b. 香賜 舸柂夫(カタブ) (紀·雄略)

(2) a. 川上 箇播羅(カハラ) (紀·斉明)

b. 左足久比須(クビス)疵 (正倉院·天平12年)

(3) a. 白髪の上ゆ涙垂り嘆き乃多婆久(ノタバク) (万20-4408, 防人歌)[62]

b. 秋の夜を長みにかあらむ奈曾(ナゾ)ここば寝の寝らえぬも (万15-3684)

(1)~(3)은 각각(1)aクグヒ(kugufi, 鵠)＞クビ(kubi), (1)bタマフ(tamafu, 給)＞タブ(tabu), (2)aカハハラ(kafafara, 河原)＞カハラ(kafara), (2)bクヒビス(kufibicu跟)＞クビス(kubicu), (3)aノリタブ(noritabu, 宣給)＞ノタブ(notabu), (3)bナニソ(nanico, 何そ)＞ナゾ(nanjo)의 과정을 예상할 수 있다. (1)~(3)처럼 표기상 음절이 탈락한 것처럼 보이는 사례에 대해서는 현실에서는 뭔가 음이 남아있었을 가능성도 지적되고 있다.

---

62 ノタバク는 사키모리 우타(防人歌)이지만 『루이쥬묘기쇼(類聚名義抄)』에 「謂ノタバク(図名90-5)」가 확인되므로 중앙어가 아니라고 볼 필요가 없다.

예를 들면 쓰키시마 히로시(築島裕, 1969)에서는 'ノタバク(notabaku)' 'ナゾ(najo)' 등을 촉음(促音)이나 발음(撥音)의 발생형으로 들고 있다.

850 金剛波若經集驗記 令召ノタマフ(ノリタマフ→ノツタマフ)
950 古文尚書 曷ナソ(ナニ→ナン)

또한 'カハラ(kafara)' 'タマフ(tamafu)'에 대해서도 야마구치(山口, 1977) 및 야나기다(柳田, 1984)는 일시적으로 촉음(促音) 및 발음(撥音) 상태를 거쳐 음절이 탈락했을 가능성이 있다고 지적한다. 단, 중음탈락인 경우에 야나기다(柳田, 1984)는 자음 쪽이 먼저 탈락하고 일시적으로 연모음 상태였다고 추정하고 있다.

(4) a. [タマフ(給)＞タブ]
야마구치(山口, 1977) : tamafu＞tamfu＞tabu
야나기다(柳田, 1984) : tamafu＞tamufu＞tambu＞tabu
b. [カハハラ(河原)＞カハラ]
야마구치(山口, 1977) : kafafara＞kaffara＞kafara
야나기다(柳田, 1984) : kafafara＞kafaara＞kafara

(5) 원형 → 음절탈락형 (A)
→ 촉음형(促音形) ⟩ (B) … (→음절 탈락형)
발음형(撥音形)

즉, 실제로 음절이 탈락한 것이라 볼 수 있는 것(A)과 촉음(促音)・발음(撥音)을 발생시켰을 가능성이 있는 것(B)의 양쪽 가능성을 지니고 있었다고 볼 수 있다. 그러나 (A)와 (B)의 구체적인 음성적 실현에 대해서는 표기를 통해서밖에 알 수 없기 때문에 본 장에서는 (A)와 (B)를 합쳐 음절 '탈락형', 원형을 '비탈락형'이라 부르고 고찰을 진행하기로 한다.

종래에 표기상 음절이 탈락한 것처럼 보이는 현상에 대해서는 탈락을 일으키는 조건을 구명하는데 중점이 두어져왔다[63]. 그러나 음절탈락은 어떤 일정한 음 환경 속에서 규칙적으로 일어나는 현상은 아니다. 예를 들면

(6) a. カハ(kafa)＋ハラ(fara)＞カハラ(kafara, 河原)
タマフ(tamafu)＞タブ(tabu, 給)
b. アカ(aka)＋カネ(kane)＞アカガネ(akagane, 赤金)
カマフ(kamafu, 構)

(6)a가 탈락을 일으키고 있는데 반해 (6)b는 a와 마찬가지로 동음음절이 연속하거나(アカ·カネ) 공통 모음을 포함하는 음절이 연속하는(カマフ)데도 불구하고 탈락이 일어나지 않고 있다. 또 탈락형의 대부분은 비탈락형도 상대 문헌에서 확인할 수 있다. 탈락형만을 고찰 대상으로 해서는 탈락의 이유나 탈락형과 비탈락형 양쪽이 병존하는 이유를 밝힐 수 없다. 종래의 연구에서는 탈락형과 비탈락형이 어떠한 관계에 있었는지에 관해 그다지 논의되지 않았다고 생각한다. 따라서 본 장에서는 어떠한 경우에 실제로 음절이 탈락했다고 볼 수 있는지, 개개의 용례를 재음미한 후에 탈락형과 비탈락형 양쪽에 주목하여 탈락형과 비탈락형 사이에 언어 운용상에서 어떠한 기능 분담이 이루어지고 있는지에 대하여 고찰한다.

그리고 중고 이후에 나타나는 여러 가지 단어에 개별적으로 발생하

63 기시다(岸田, 1957·1958), 야마구치(山口, 1977) 등.

는 음 탈락이 어떠한 기능을 담당하고 있는지에 대해서는 쓰보이 요시키(坪井美樹, 1989)의 고찰이 있다. 쓰보이(坪井, 1989)는 상대에서의 음절탈락을 직접 취급하고 있지는 않지만 본 장의 고찰을 통하여 상대에서의 음절 탈락에 대해서도 쓰보이(坪井, 1989)에서 지적하는 기능과 마찬가지 기능이 보임을 밝히고자 한다. 쓰보이(坪井, 1989)의 구체적인 내용에 대해서는 4절에서 자세히 기술한다.

 음절의 탈락형

2절에서는 어떠한 탈락형이 실제로 음절이 탈락했다고 볼 수 있는지에 대해 검토한다. 탈락이 일어나기 전후의 음의 관계나 탈락 발생장소에 따라 탈락의 양상이 달라지리라 예상되므로 용례를 다음과 같은 기준에 의해 분류한다.

(7) a. 동음 음절(또는 청탁음(清濁音) 관계에 있는 음절)이 연속하는지의 여부.
b. 형태소 경계에 나타나는지, 형태소 내부에서 발생하는지의 여부.

또 용례는 원칙적으로 가나(仮名) 표기로 이루어진 것에 한정한다. 한편, 원래의 의미가 확실하지 않는 마쿠라고토바(枕詞,'ヤスミシシ' 등)이나 고유명사에 대해서는 당시의 기록자에 따라 어원에 대한 자의적인 추정이 이루어졌을 가능성이 있기 때문에 제외한다. 또한 (8)은 탈락에 의한 어형으로 보기 힘들다.

(8) a. アジロ(ajiro, 網代), トガリ(togari, 鳥猟)

b. ハギ(fagi, 脛), ハバキ(fabaki, 脛巾)

c. クヤシカモ(kuracikamo)<クヤシキカモ(kuyacikikamo)

ユユシカシコキ(yuyucikacikoci)

<ユユシクカシコキ(yuyucikukacikoki)

(8)a는 'ア(a, 網)' 'ト(to, 鳥)'에 'シロ(ciro, 代)' 'カリ(kari, 猟)'가 직접 연결된 형태로 볼 수 있는 용례들이다[64]. (8)b의 'ハギ(fagi, 脛)'는 야마구치(山口, 1977)에 따르면 'ハバキ(fabaki)'에서 바뀐 형태로 본래 각반(脚絆)을 가리키던 '脛巾'는 'ハギキモ(fabakimo, 脛裳)'의 축약어라고 해석하고 있다. 그러나 'ハバキ(fabaki)'가 'ハギ(fagi)'의 전신(前身)이라는 것을 뒷받침할 적극적인 자료가 없으며 과연 'ハバキ(fabaki)'에서 'ハギ(fagi)'가 변화했는지에 대해서는 의심스러운 부분이 많다. 'ハバキ'와 'ハギ'는 서로 다른 단어로 봐야 할 것이다. 또한 (8)c는 シク(ciku) 활용 형용사에 カ(ka)행으로 시작하는 단어가 뒤에 접속한 경우로 승접 관계(承接 関係)에서 'キ(ki)' 'ク(ku)'의 탈락을 추정하고 있다. 그러나 シク(ciku) 활용 형용사에 후접하는 음절이 カ(ka)행 이외인 경우에도 (9)와 같이 'キ(ki)'가 나타나지 않는 경우가 있으므로 반드시 'キ(ki)' 'ク(ku)'가 탈락했다고 볼 수는 없다.

(9) a. 本毎に　花は咲けども　何とかも

于都倶之妹(ウツクシイモ)が　また咲き出来ぬ　(紀歌114)

b. …夜隠りに　鳴く霍公鳥　古ゆ　語り継ぎつる

鶯の　宇都之眞子(ウツシマコ)かも…　(万長19-4166)

---

64 가와바타 요시아키(川端善明, 1966)은 'アミ・トリ' 등을 노출형(露出形), 'ア・ト' 등을 피복형(被覆形)으로 보고 있다.

따라서 본 장에서는 (9)와 같은 용례에 대해서도 고찰 대상에서 제외시키고 이하의 동음음절 용례(7 용례 : 개별어수) 및 동음음절 이외의 용례(14 용례 : 개별어수)에 대해서 검토하기로 한다.

2.1 탈락형과 용례

《동음 음절(또는 청탁음 관계에 있는 음절)이 연속하는 경우》

【Ⅰ】 형태소 경계에서 발생한 경우

[1] カハハラ(kafafara, 河原)＞カハラ(kafara)

川上　箇播羅(カハラ)　(紀·斉明)

清き可波良(カハラ)に　馬とどめ　別れし時に…　(万17-3957)

[2] クヒビス(kufibicu, 跟)＞クビス(kubicu)[65]

左足久比須(クビス)疵　(正倉院·天平12年)

cf) 趾　足乃宇良、又久比々須(クヒビス)(新撰)

跟　クビス　(図106-5)

[3] シミミヅ(cimimidu, 清水)＞シミヅ(cimidu)

好井　志美津(シミヅ)　(紀·神代)

cf) 山振の　立ち装ひたる　山清水(シミヅ)　酌に行かめど　(万2-158)

[4] タビビト(tabibito, 旅人)＞タビト(tabito)

…飯に飢て　臥せる　その多比等(タヒト)あはれ　(紀歌104)

---

65 [クヒヒス(跟)＞クヒス]의 경우는 야마구치(山口, 1977)에 '일본서기의 마에다 본에 '臑踵'의 훈으로 '久比婢須'라는 주석이 있으며 이것이 クヒビス였을 것으로 추정된다(前田本仁徳紀に、「臑踵」の訓として「久比婢須」とあり、クヒビスであったと思われる)'라는 지적이 있으며 'クヒ(kufi)'는 'クハタツ(kufatatu)'의 'クハ(kufa)'와 동일한 어근이었을 것이라고 지적하고 있다.

cf) 客人(タビビト)の　宿りせむ野に　霜降らば… (万9-1791)

[5] ムスボホル(mucuboforu, 結)＞ムスボル(mucuboru)

…奈呉江の菅の　根もころに　思ひ牟須保礼(ムスボレ)… (万18-4116)

cf) むすほほれたる本上なめり (源氏·手習)

【Ⅱ】 형태소 내부에서 발생한 경우

[6] クグヒ(kugufi, 鵠)＞クビ(kubi)

ひさかたの　天の香具山　とかまに　さわたる久毘(クビ)… (記歌27)

cf) 鵠　久々比(クグヒ)、又　古比 (新撰)

鵠　クグヒ (観名·僧中114-4)

【Ⅲ】 발생장소가 불분명한 경우

[7] ススホリ(cucufori, 漬菜)＞スホリ(cufori)

青菜須々保理(ススホリ)四囲漬料 (正倉院13·天平勝宝6年)

須保利(スホリ)二斗四升別一合 (正倉院13·天平勝宝6年)

《동음 음절(또는 청탁음 관계에 있는 음절)이외의 경우》

【Ⅰ】 형태소 경계에서 발생한 경우

[8] ソムカヒ(comukafi, 背向)＞ソガヒ(cogafi)

三島野を　曾我比(ソガヒ)に見つつ… (万17-4011)

cf) 縄の浦ゆ　背向(ソガヒ)に見ゆる　沖つ島… (万2-357)

[9] トヌシ(tonuci, 戸主)＞トジ(toji)

母刀自(トジ)も　たまにもがもや　頂きて… (万20-4377)

cf) いゑとうし (伊勢物語44)

宮々のとじをさめても (栄華物語·若ばえ)

[10] ナニソ(nanico, 何)>ナゾ(najo)

…さらさらに 奈仁曾(ナニソ)この児の ここだ愛しき (万14-3373)

…奈曾(ナソ)ここば 寝の寝らえぬも 一人寝ればか (万15-3684)

[11] ナニト(nanito, 何)>ナド(nado)

本毎に 花は咲けども 那尓騰(ナニト)かも… (紀歌114)

あめつつの 千鳥ま鵐 那杼(ナド)裂けるとめ (記歌17)

[12] ノリタブ(noritabu, 宣給)>ノタブ(notabu)

奉仕之米天志可等念保之米之天可多良比能利多布(ノリタブ)言乎 (宣命36詔)

…白髭の上ゆ 涙垂り 嘆き乃多婆久(ノタバク)… (万長20-4408)

[13] モチテ(motite, 持)>モテ(mote)

置きて行かば 妹はまかなし 母知弖(モチテ)行く 梓の弓の…

(万14-3567)

cf) …糸用而(モチテ) 附けてましもの 今ぞ悔しき (万4-516)

吾妹子が 形見の衣 なかりせば なにもの母弖(モテ)加…

(万15-3733)

[14] オノレ(onore, 爾：二人称)>オレ(ore)

於能礼(オノレ)故 罵らえて居れば… (万12-3098)

虜爾所レ造屋、爾自居之爾、此云二飫例(オレ) (紀・神武)

【Ⅱ】 형태소 내부에서 발생한 경우

[15] タハブル(tafaburu, 戯)>タブル(taburu, 狂)

戯弄 **太波不礼**(タハブレ)末左久留 (紀·景行)

cf) 立れども　居れども　ともに**戯礼**(タハブレ)　夕星の… (万長5-904)

久奈**多夫礼**(タブレ) (宣命19詔)

…**多夫礼**(タブレ)たる　しこつ翁の　ことだにも… (万長17-4011)

[16] タマハル(tamafaru, 賜)＞タバル(tabaru)

帯乎**多麻波利**(タマハリ)弖 (宣命45詔)

足柄の　御坂**多麻波理**(タマハリ)　顧みず　吾は越え行く…(万長20-4372)

針袋　これは**多婆利**(タバリ)ぬ　すり袋　今は得てしか…(万18-4133)

[17] タマフ(tamafu, 給)＞タブ(tabu)

天地毛憎**多麻波**(タマハ)受君毛捨不給之天 (宣命45詔)

…御心を　しずめ**多麻布**(タマフ)と… (万長5-813)

朝廷助仕奉利**多夫**(タブ)事乎 (宣命26詔)

…葦のうれの　足痛くわが背　勤め**多扶**(タブ)べし (万2-128)

[18] ナラブ(narabu, 並)＞ナブ(nabu)・ナム(namu)

おしてる　難波の崎の　並び浜　**奈羅陪**(ナラベ)むとこそ… (紀歌48)

日日**那倍**(ナベ)弖　夜には九夜　日には十日を (記歌26)

楯**那米**(ナメ)弖　伊那佐の山の　木の間ゆも… (記歌14)

[19] ヤナギ(yanagi, 楊)＞ヤギ(yagi)

阿乎**夜奈義**(ヤナギ)　梅との花を　折りかざし… (万5-821)

安乎夜疑(ヤギ) の枝切り下ろし 斎種蒔く… (万15-3603)

【Ⅲ】 발생장소가 불분명한 경우

[20] ヌリテ(nurite, 鐸)＞ヌテ(nute)

…百伝ふ 奴弖(ヌテ)ゆらくも 置目来らしも (記歌111)

cf) 鈴鐸 上須受、下達洛反、奴利天(ヌリテ) (新訳華厳経音義記)[66]

[21] ハニシ(fanici, 櫨)＞ハジ(faji)

梔把、此云二波茸(ハジ)一 (紀·神代下)

…皇祖の 神の御代より 波自(ハジ)弓を 手握り持たし…

(万長20-4465)

cf) 黄櫨 波邇之(ハニシ) (和·伊20-14-22ウ)

2.2 용례의 경향과 촉음·발음 발생형과의 관련

우선 동음 음절(또는 청탁음 관계에 있는 음절)이 연속하는 경우에는 다음과 같은 경향을 볼 수 있다.

첫째, 형태소 경계에서 많이 발생하고 있다. 예외가 되는 것은 발생장소가 불분명한 [7] ススホリ(cucufori, 漬菜)＞スホリ(cufori)를 제외하면 형태소 내부에서 발생한 것은 [6] クグヒ(kugufi, 鵠)＞クビ(kubi) 뿐이다.

둘째, 상대 문헌에서 탈락형만이 나타나는 경우가 많다. 상대 문헌에서 탈락형과 비탈락형 양쪽이 보이는 것은 [7]의 ススホリ(cucufori, 漬菜)＞スホリ(cufori)뿐이다. 단, 가나 표기가 아닌 용례를 포함하면

66 『時代別國語大辞典 上代編』(三省堂),「ぬりて」항목.

(10)처럼 [4]의 タビビト(tabibito, 旅人)도 나타난다.

(10) 客人(タビビト)の　宿りせむ野に　霜降らば… (万9-1791)

셋째, 산문 자료에서 많이 나타난다. 운문에서 보이는 경우에도 음수율 면에서 정수 구(定数 句)를 이루고 있는 것은 [5]의 ムスボホル(mucuboforu, 結)＞ムスボル(mucuboru)뿐으로 (11)처럼 음수율과는 무관하게 탈락이 발생하고 있는 용례가 존재한다.

(11) a. クグヒ(kugufi, 鵠)＞クビ(kubi)

ひさかたの 天の香具山 とかまに さわたる久毘(クビ)…(記歌27)
5 7 4 6

b. タビビト(旅人)＞タビト

…飯に飢て 臥せる その多比等(タヒト)あはれ (紀歌104)
5 3 8

이상의 세 경향으로부터 동음 음절(또는 청탁음 관계에 있는 음절)이 연속할 때에 나타나는 탈락형은 구두어에서 비교적 빠른 시기에서부터 일어났던 현상이 아닐까 생각한다. 중고 문헌에서도 'キギシ(雉)＞キジ' 'ミヅツキ(承空)＞ミヅキ' 'オボホル(溺)＞オボル'와 같은 용례가 보이며 동음 음절(또는 청탁음 관계에 있는 음절)이 연속할 경우의 탈락은 중고 이후에도 계속적으로 이루어졌던 현상이라 볼 수 있다.

상대에서 두 형태소가 결합할 때 렌다쿠(連濁) 현상('アカガネ(akagane, 赤金)' 등)이 보이지만 'カハ(kafa, 河)＋ハラ(fara, 原)'가 'カハバラ(kafabara)'가 아니라 'カハラ(kafara)'라는 형태로 나타나는 배경에는 렌다쿠와 마찬가지로 동음 음절(또는 청탁음 관계에 있는 음

절)이 연속할 때에 한쪽의 음절이 탈락하는 중음 탈락(重音 脱落)이 선택지로서 존재했기 때문이라 할 수 있다.

다음으로 동음 음절(또는 청탁음 관계에 있는 음절) 이외의 경우에 용례[8]~[21]의 총 14 용례)는 나중에 기술하는 바와 같이 촉음이나 발음의 발생 상황과 닮은 것들이 있기 때문에 촉음이나 발음의 발생 상황과 비교해 본 다음에 실제로 음절의 탈락형이라 볼 수 있는지, 아니면 촉음 발음 발생형의 가능성이 있는지를 생각해 볼 필요가 있다. 이 점에 관해서는 훈점 자료를 비롯하여 중고 초기의 문헌에 나타나는 촉음·발음의 발생 조건에 관한 여러 선행연구들이 있는데 정리하면 (12)와 같다[67].

(12) a. 주로 두 형태소의 경계에서 선행요소의 말미음절에 발생하기 쉽다.

b. 촉음화・발음화하는 음절이 i)과 ii)의 조건을 가지는 경우에 나타나기 쉽다.

i) 모음이 [i] 또는 [u]인 경우

ii) 조음점이 일치 또는 근접해 있는 자음을 지닌 음절이 후접하거나 비자음 [m, n]을 지닌 음절인 경우

물론, (12)의 조건이 갖춰지면 반드시 촉음·발음화가 일어난다는 것은 아니므로 (12)의 조건과 일치하는 경우를 곧바로 촉음형·발음형이라 단언할 수는 없다. 그러나, (12)의 조건과 일치하지 않는 요소가 있다면 음절탈락의 가능성이 높다고 말할 수 있지 않을까 생각한다. 그래서 본 장에서의 용례[8]~[21]에 대하여 중고 초기의 문헌에 나타나는

67 고마쓰 히데오(小松英雄, 1975)「音便機能考」『国語学』101
하야시 치카후미(林史典, 1985)「何のために国語史を教えるか」『応用言語学講座　日本語の教育』明治書院 참조.

촉음·발음의 발생조건(12)와 비교해 보았다. 이를 통해 다음과 같은 결과를 얻을 수 있었다.

우선 탈락의 발생장소 면에서는 촉음・발음이 (12)a처럼 형태소 경계에서 발생하기 쉬운데 반해서 용례[8]~[21]의 경우, 형태소 내부【Ⅱ】에 발생하고 있는 예도 많이 보인다.

【Ⅰ】 형태소 경계에서 발생한 경우 : [8]~[14]의 7 용례

【Ⅱ】 형태소 내부에서 발생한 경우 : [15]~[20]의 6 용례

【Ⅲ】 발생장소가 불분명한 경우 : [21]~[22]의 2 용례

다음으로 촉음화・발음화하는 음절의 경우에 (12)b의 ⅰ)처럼 모음이 [i] 또는 [u]인 경향이 있는데 반해, 표기 면에서 탈락한 것처럼 보이는 음절의 경우에는 형태소 경계【Ⅰ】에서 발생한 용례 [8]~[13]은 그 조건과 일치하지만 형태소 내부【Ⅱ】에서의 용례 [15]~[20]는 모두 모음이 [i] [u] 이외인 경우이다.

【Ⅰ】 모음이 [i] [u]인 경우 : [8]~[13]

모음이 [i] [u] 이외인 경우 : [14]

【Ⅱ】 모음이 [i] [u]인 경우 : 해당 용례 없음

모음이 [i] [u] 이외인 경우 : [15]~[20]

마지막으로【Ⅰ】~【Ⅲ】중에 촉음・발음의 발생조건(12) b 의 ⅱ) 조건과 일치하지 않는 용례는 [8] ソムカヒ(comukafi, 背向)＞ソガヒ(cogafi), [18] ナラブ(narabu, 並)＞ナブ(nabu)・ナム(namu), [19] ヤナギ(yanagi, 柳)＞ヤギ(yagi)의 3 용례에 국한되는데, 이 중에서【Ⅱ】에 속하는 용례가 2 용례 있다. 이를 정리하면 다음과 같다.

【Ⅰ】

・ 접합면 음절의 자음 조음점이 일치 또는 근접해 있는 경우 : 6 용례

비음인 경우(4 용례) :

t-n [9] トヌシ(戸主)＞トジ

n-c [10] ナニソ(何)＞ナゾ

n-t [11] ナニト(何)＞ナド

n-r [14] オノレ(爾)＞オレ

비음 이외의 경우(2 용례) :

t-t [13] モチテ(持テ)＞モテ

r-t [12] ノリタブ(宣給)＞ノタブ

・ 접합면 음절의 자음 조음점이 다른 경우 : 1 용례뿐

비음인 경우(1 용례)) :

c-m [8] ソムカヒ(背向)＞ソガヒ

【Ⅱ】

・ 접합면 음절의 자음 조음점이 일치 또는 근접해 있는 경우 : 3 용례

비음인 경우(2 용례) :

m-f [16] タマハル＞タバル

[17] タマフ(給)＞タブ

비음 이외의 경우(1 용례) :

f-b [15] タハブル(戯)＞タブル

・ 접합면 음절의 자음 조음점이 다른 경우 : 2 용례

비음인 경우(1 용례) :

m-f [19] ヤナギ(柳)＞ヤギ

비음 이외의 경우(1 용례) :

r-b [18] ナラブ(並)＞ナブ·ナム

【Ⅲ】

- 접합면 음절의 자음 조음점이 일치 또는 근접해 있는 경우 : 2 용례

  비음인 경우(1 용례) :

  f-n-c [22] ハニシ(櫨)>ハジ

  비음 이외의 경우(1 용례) :

  n-r-t [21] ヌリテ(鐸)>ヌテ

즉, 동음 음절(또는 청탁음 관계에 있는 음절) 이외의 경우인 [8]~[21]과 중고 초기의 문헌에 나타나는 촉음・발음의 발생조건(11)을 비교해 본 결과 【Ⅱ】에 속하는 용례는 촉음・발음의 발생조건(12)와 일치하지 않는 점이 많다는 것이 분명해 진다. 더구나 【Ⅱ】에 속하는 용례의 경우, 형태소 내부에서 발생한 탈락형의 경우에는 중고 문헌에서 보이는 [ヲミナ(womina, 女)>ヲムナ(womuna)>ヲンナ(woɴna)], [ナミタ(namida, 涙)>ナムダ(namuda)>ナンダ(naɴda)]와 같은 발음형과 달리, 비탈락형이 [-a-a-(tamafu, yanagi)]처럼 탈락하는 음절의 모음과 전접하는 음절의 모음이 일치하고 있다는 특징을 볼 수 있다[68]. 형태소 경계에서 발생하는 [14] オノレ(onore, 爾)>オレ(ore)도 역시 형태소 내부에서의 탈락과 마찬가지로 중고에서의 촉음형・발음형의 발생조건과는 일치하지 않는 점이 있으며 탈락음절과 전접음절과의 모음일치라는 특징을 지니고 있다.

이상과 같은 고찰에서 상대 문헌에 나타나는 음절 탈락형 중에서 동음 음절(또는 청탁음 관계에 있는 음절)이 연속하는 경우에 발생하는 탈락형 [1]~[7] 및, 동음 음절(또는 청탁음 관계에 있는 음절) 이외의 경

---

68 [カガフル(蒙)>カウブル] [ウルタフ(訴)>ウ(ッ)タフ] 등의 변화는 중고 중기 이후에 나타나기 시작하므로 발생 시기가 다르다. [カガフル(蒙)>カウブル]는 쓰키시마 히로시(築島裕, 1969) 참조. [ウルタフ(訴)>ウ(ッ)タフ]의 경우는 중고 초기 이전 문헌에는 가나 표기 용례가 보이지 않는다.

우에 발생하는 탈락형 중에서 형태소 내부에서 발생한 탈락형【Ⅱ】[15]~[19]와 [14] オノレ(onore, 爾)＞オレ(ore)는 아마도 상대에서 발생하여 음 면에서도 한 박이 감소한 음절탈락이었을 가능성이 높은 것으로 추정된다. 3절부터는 본 절에서 음절탈락으로 간주한 용례 [1]~[7], [14], [15]~[19]에 대하여 모음탈락과의 관계를 고찰한다.

3 음절탈락과 악센트

2절의 고찰에 의해 음절탈락으로 본 용례 [1]~[7], [14], [15]~[19]에 대하여 악센트 측면에서 검토해 보면 비탈락형의 악센트 형이 탈락형에서도 보존되고 있는 경향을 확인할 수 있다[69]. 구체적으로 기술하면 다음과 같다.

(13) a. 동음 음절(또는 청탁음 관계에 있는 음절)이 연속할 때 발생하는 음절 탈락의 경우에는 연속하는 음절의 악센트 높이가 일치하는 경향이 있다.

b. 형태소 내부에서 발생한 음절탈락의 경우에는 비탈락형의 악센트 형과 탈락형의 악센트 형이 일치하는 경향이 있다.

우선 동음 음절(또는 청탁음 관계에 있는 음절)이 연속할 때의 탈락형은 모두 7 용례인데, [2]クヒビス(kufibicu, 跟)＞クビス(kubicu), [7]ススホリ(cucufori, 漬菜)＞スホリ(cufori)를 제외한 5 용례에서 비탈

69 제5장에서도 언급한 바와 같이 상대 악센트에 관해서는 중고 말기의 악센트 체계와 크게 다르지 않았던 것으로 추정되므로 중고 악센트 자료를 사용하여 고찰한다. 자세한 것은 인용문헌(pp.239-241) 참조.

락형의 악센트를 확인할 수 있다. (모음탈락과 마찬가지로 ○는 저평조(低平調), ●는 고평조(高平調), ＊ 표시는 추정 악센트를 나타낸다. 이하 동일).

(14) [1] カハ(kafa, 河●○)＋ハラ(fara, 原○○)＞カハラ(＊●○○)
カハ(河●○ : 図名6-4)
ハラ(原○○ : 観名·法下109-5)
[3] シミ(cimi, 凍○●)＋ミヅ(midu, 水●●)＞シミヅ(○●●)
シム(凍○●: 色前·下75ウ4)
ミヅ(水●● : 観名·法上1-3)
[5] ムスボホル(mucuboforu, 結●●●●○)
＞ムスボル(mucuboru, ●●●○)
ムスボホル(結●●●●○ : 図名301-7)
ムスボル(ムスボル●●●○ : 解脱·菅10)

(15) [6] クグヒ(kugufi, 鵠○○●)＞クビ(kubi, ＊○●)
クグヒ(鵠○○● : 観名·僧中112-4)

(16) [4] タビ(tabi, 行●○)＋ヒト(fito, 人●○)
＞タビト(tabito, ＊●●○ 또는 ＊●○○)
タビ(行●○ : 高23ウ6)
ヒト(人●○ : 高3オ3)

(14)~(16)에서 연속하는 음절의 악센트 높이가 일치하는 경우가 용례인데 반해 악센트 높이가 다른 경우는 한 용례뿐(タビト(tabito, 旅人) : ＊●●○ 또는 ＊●○○)이라는 것을 알 수 있다. 양 음절의 악센트 높이가 같으면 설령 한쪽의 음절이 탈락하더라도 전체 악센트의 틀

에는 변화가 일어나지 않는다고 할 수 있다. (14) [3] シミミヅ(cimimi여, 清水)＞シミヅ(cimidu), [5] ムスボホル(mucuboforu, 結)＞ムスボル(mucuboru)에서 비탈락형과 탈락형 사이에 악센트 틀에 변화가 없음을 확인할 수 있다.

(17) a. (=(14) [3])

シミ(凍○●)＋ミヅ(水●●)＞シミヅ(○●●)

b. (=(14) [5])

ムスボホル(結●●●●○)＞ムスボル(●●●○)

다음으로 형태소 내부에서 발생한 음절탈락의 경우와 'オノレ(onore, 爾)＞オレ(ore)'에 관해서는 'タマハル(tamafaru, 賜)＞タバル(tabaru)'를 제외한 5 용례에서 비탈락형의 악센트를 확인할 수 있다.

(18) [15] タハブル(tafaburu, 戯●●●○)＞タブル(taburu, 稚●●○)

タハブル(戯●●●○：観名·僧中39-8)

タブル(稚●●○：観名·僧中136-２)

[17] タマフ(tamafu, 給○○●)＞タブ(tabu, 賜○●)

タマフ(給○○●：観名·法中134-5)

タブ(賜○●：袖中20-467-5)

[18] ナラブ(narabu, 竝●●○)＞ナブ(nabu, 並●○)

ナム(namu, 並●○)

ナラブ(竝●●○：図名122-3)

ナブ(祖●○：古今·毘111)

ナム(祖●○：古今·梅111)

[19] ヤナギ(yanagi, 楊●●●)＞ヤギ(yagi, ＊●●)

ヤナギ(楊●●●：和名·京5-36オ)

(19) [14] オノレ(onore, 己●●○)>オレ(ore, 己●●)
オノレ(己●●○ : 観名·佛下末13-8/己●●● : 袖1-25-5)
オレ(己●● : 紀·神·乾元300-1)

(18)(19)에서 비탈락형의 악센트 틀을 보존하고 있는 용례가 4 용례인데 반해 비탈락형의 악센트 틀을 보존하고 있지 않을 가능성이 있는 것은 (19)オノレ(onore, 爾)>オレ(ore)뿐인 것을 알 수 있다. 단, 나중에 기술하겠지만 [オノレ(onore, 爾)>オレ(ore)]는 다른 인칭대명사와의 보조를 맞추는 형태로 어형 조정이 일어난 것으로 추정되는 용례이다.

이상에서 용례가 적다는 문제점은 있지만 비탈락형의 악센트 틀이 탈락형에서 보존되고 있음을 확인할 수 있다.

또한 비탈락형의 악센트 틀을 탈락형이 보존하고 있다는 점에 관해서는 제5장의 모음탈락 현상에서도 마찬가지 경향을 확인했었다[70]. 되풀이하자면 모음탈락 현상은 형태소 경계에서만 발생하는데 [자립어+모음음절로 시작하는 자립어]로 구성되는 복합어에서는 (20)의 경향을 볼 수 있다.

(20) 접합면에서의 양 음절의 악센트 높이가 일치하는 경우에 모음탈락이 일어나기 쉽고 복합어 전체의 고저 배열이 변화하지 않는 경우에 탈락하기 쉽다.

음절 탈락형 중에서 형태소 경계에서 발생하고 있는 음절 탈락형은 모두 동음 음절(또는 청탁음 관계에 있는 음절)이 연속하는 경우이며 (13)a가 (20)의 경향과 일치한다. 게다가 모음탈락이 일어난 복합어와도 (21)에 기술한 점에서 공통된다.

---

70 권경애(権景愛, 1999a) 및 본서 p164-167 참조.

(21) a. 상대 문헌에서는 탈락형만 나타나는 경향이 있다[71].
b. 복합에 의해 고음 부분이 두 곳으로 나뉘어 질 경우에는 모음탈락을 회피하는 경향이 있다.[72]

(20)(21)에서 형태소 경계에서 동음 음절(또는 청탁음 관계에 있는 음절)이 연속할 경우에도 한 단어화의 지표로서 음절탈락이 이루어지고 악센트 면에서도 한 단위로 인식할 수 있을 경우에 실현되기 쉬웠다고 지적할 수 있다.

한편, 형태소 경계에서 발생한 [14] オノレ(onore, 爾)>オレ(ore)와 형태소 내부에서 발생한 음절 탈락형의 경우에는 비탈락형 전체의 고저 배열이 변화하지 않는다는 점에서 모음 탈락형과 공통된 성질을 갖는다((13)b와 (20)).

단, 상대 문헌에서 탈락형과 비탈락형 양쪽이 모두 나타난다는 점에서는 탈락형만이 나타나는 모음 탈락형과는 차이가 있다. 양자가 병존할 수 있었던 것은 음절이 탈락해서 한 박의 감손을 초래하였더라도 탈락형과 비탈락형이 악센트 측면에서 공통성을 지녔다는 점에서 서로 유연성(有縁性)을 지속해서 갖고 있었다는 점 및 다음 절에서 기술하는 바와 같이 언어 운용 면에서 기능분담이 일어났기 때문으로 풀이할 수 있다.

---

71 본서 p.201, 2.2 참조.
72 (16) [4] タビビト(tabibito, 旅人)>タビト(tabito)만 예외.

4 음절탈락의 기능

여기서는 음절의 탈락형이 어떠한 기능을 담당하고 있었는가 하는 점을 중심으로 고찰한다.

중고 이후에 나타나는 음 탈락이 어떠한 기능을 지니고 있었는가 하는 점에 관해서는 쓰보이 요시키(坪井美樹, 1989)의 논고가 있다. 쓰보이(坪井, 1989)는 음 탈락의 기능을 (21)과 같이 크게 세 분류로 나누어 고찰하고 있다[73].

(22) a. 형태소 연접부에서 발생함을 표시(標示)한다.
　　b. 원형으로부터의 파생이나 의미의 특수화를 표시한다.
　　c. 어형을 단축시킴으로써 문체상의 가치나 대우표현(待遇表現) 상의 가치 감소를 표시한다.

이미 언급한 바와 같이 쓰보이(坪井, 1989)에서는 상대에서의 음절 탈락형에 관해서는 고찰 대상으로 삼고 있지 않지만 상대에서의 음절 탈락에 대해서도 (22)과 마찬가지 기능이 인정된다는 점을 밝히고자 한다. 덧붙여 모음탈락에 보이는 기능과도 공통점을 지닌다는 점도 확인한다.

4.1 복합 표시 기능

4.1.1 한 단어화의 지표

동음 음절(또는 청탁음 관계에 있는 음절)이 연속할 경우(7 용례) 중에서 [자립어+자립어]라는 단어 구성을 지닌 것은 [1] カハハラ

73 쓰보이(坪井, 1989) pp.1-18 참조.

(kafafara, 河原)＞カハラ(kafara), [2] シミミヅ(cimimidu, 清水)＞シミズ(cimidu), [3] クヒビス(kufibicu, 跟)＞クビス(kubicu), [4] タビビト(tabibito, 旅人)＞タビト(tabito)의 4 용례이다. 이중에서 [1]과 [2]는 운문에서도 나타나지만 상대, 중고 관계없이 비탈락형 'カハハラ(kafafara)' 'シミミズ(cimimidu)'는 보이지 않는다.

(23) a. カハラ(kafara)

… 泉河　清き可波良に　馬とどめ　別れし時に…

(万長17-3957)

… 利根川の　石は踏むとも　いざ加波良より…

(神楽歌13)

b. シミヅ(cimidu)

山振の　立ち装ひたる　山清水　酌に行かめど
道知らなくに　(万2-158)

いにしへの　野中のしみづ　ぬるけれど　もとの心を
知る人ぞ汲む　(古今887)

[4] タビト(tabito, 旅人)의 경우에도 가나 표기 용례에 국한한다면 상대 문헌에서는 탈락형만이 나타나는 셈이다. [3] クビス(kubicu, 跟)는 중고 문헌에서 '趾 久比々須(新撰)'와 같이 비탈락형이 보이지만 '跟　久比須、俗云岐比須(和名・前・上2-31ウ)' '跟　クビス(図106-5)' 등에서 탈락형이 정착하고 있는 중이었다는 것을 엿볼 수 있다. 이처럼 [자립어＋자립어]에 발생한 음절 탈락형의 경우, 탈락형은 이미 정착했거나 혹은 정착 단계에 있는 상태였음을 확인할 수 있다.

촉음이나 발음의 발생형일 가능성이 높은 것으로 간주했던 [8]~[13]

의 용례(동음 음절 또는 청탁음 관계에 있는 음절) 이외의 경우)에서도 [자립어+자립어]형에서는 탈락형만이 나타나기 쉽고 [자립어+부속어] 형에서는 탈락형과 비탈락형 양 쪽이 모두 나타나기 쉽다는 경향이 있다.

(24) [8] ソガヒ(cogafi, 背向)

…三島野を　曾我比(ソガヒ)に見つつ…　(万長17-4011)

[9] トジ(toji, 戸主)

母刀自(トジ)も　たまにもがもや　頂きて…　(万20-4377)

[12] ノタブ(notabu, 宣給)

… 栲綱の　白髭の上ゆ　涙垂り　嘆き乃多婆久(ノタバク)…

(万長20-4408)

[8] ソガビ(cogafi, 背向)의 경우, 상대 문헌에서만 나타나지만 비탈락형은 보이지 않는다. [9] トジ(toji, 戸主)의 경우에도 중고 문헌에서 'いゑとうし(伊勢物語44)' '宮々のとじをさめにても(栄華物語・若ばえ)' 형태로 나타나며 비탈락형 'トヌシ(tonuci)'가 사용된 용례는 보이지 않는다. [12] ノタブ(notabu, 宣給)의 경우에는 비탈락형 [可多良比能利多布(ノリタフ)言乎(宣命・36詔)]도 병존하고 있지만 [タマフ(tamafu, 給)>タブ(tabu)]라는 탈락형을 내포하고 있다는 것이 'ノタブ(notabu)'로의 변화를 지연시켰을 것으로 보고 있다.

한편, [자립어+부속어]의 어구성을 지닌 경우에는 비탈락형과 탈락형 사이에 사용 구분이 있었다. 즉, 'ソ(co)'가 조사로서 기능하는 경우(ナニ(nani)+ソ(co)…동사 연체형 마무리 용법 : 가가리무스비(係り結び) 법칙)이나 'モチテ(motite)'가 동사로서 쓰일 경우에는 (25)a,

(26)a처럼 비탈락형이 사용되고 탈락은 (25)b처럼 한 단어화 하여 부사적으로 사용되거나 (26)b처럼 본래 ‘モツ(motu)’라는 동사가 가지고 있는 의미의 일부(사용하다는 의미)가 방법이나 수단을 가리키는 조사로서 형식화하는 과정에 있는 경우에 나타난다.

(25) a. ナニソ(nanico)

…さらさらに　奈仁曾この児の　ここだ愛しき(万14-3373)

b. ナゾ(najo)

…奈曾ここば　寝の寝らえぬも　一人寝ればか(万15-3684)

(26) a. モチテ(motite)

置きて行かば　妹はまかなし　母知弖行く　梓の弓の…

(万14-3567)

b. モテ(mote)

吾妹子が　形見の衣　なかりせば　なにもの母弖加…

(万15-3733)

그러나 (25)b와 (26)b는 문맥이 지탱해주면 간단히 원래의 형태를 추출해 낼 수 있는 상태였을 것으로 보이므로 언제나 비탈락형이 의식되는 상태였다고 볼 수 있다.

이처럼 촉음・발음의 발생형으로 간주되는 용례에서도 [자립어＋자립어] 형인 경우에는 탈락형만이 나타나는 것을 확인할 수 있다.

[자립어＋자립어] 결합의 경우에 상대에서는 종종 모음탈락이나 렌다쿠(連濁) 등에 의해 융합 표시가 이루어지는 일이 많은데, [자립어＋자립어] 구성을 지닌 용례 [1]～[4]도 음절 탈락에 의해 한 단어화가 표시

되어 비교적 빠른 시기에 이미 한 단어로서 의식되었던 것으로 보인다.

4.1.2 복합형식으로서의 지표

4.1.1에서 검토한 [1]~[4]처럼 형태소 경계에서 발생하여 음절 탈락이 한 단어화의 지표로 사용된 경우와는 달리, 형태소 내부에서 발생한 용례 중에 다음과 같은 경향을 지닌 용례를 보자.

[19] ヤナギ(yanagi, 楊)＞ヤギ(yagi)의 경우, 탈락형 'ヤギ(yagi)'는 (27)처럼 특정한 복합어 및 어구 중에서만 나타나며 비탈락형 'ヤナギ(yanagi)'가 나타나는 것은 (28)과 같이 단독으로 사용되는 경우이다.

(27) a. 安乎夜疑の　枝切り下ろし　斎種蒔く　ゆゆしき君に
　　　恋ひわたるかも　(万15-3603)

b. 恋ひしけば　来ませわが背子　可伎都楊義
　　　うれつみからし　吾立ち待たむ　(万14-3455)

(28) a. うち靡く　春の也奈宜と　我が宿の　梅の花とを
　　　如何にか分かむ　(万5-826)

b. しなざかる　越の君らと　かくしこそ　楊奈疑かづらき
　　　楽しく遊ばめ　(万18-4071)

'ヤナギ(yanagi)'에서 'ヤギ(yagi)'로의 변화는 형태소 내부에서 일어난 탈락이기는 하지만 'ヤギ(yagi)'는 단독 형식('ヤナギ(yanagi)')에 대응하는 복합 형식으로서의 지표로 존재한 것이 아닐까 생각된다. '楊'의 자음 [yang]에 모음[i]가 첨가되어 'yanagi' 'yagi' 라는 단어형이 만들어졌다는 견해[74]도 있지만 단독으로 나타나는 경우와 복합어 내부

에서 나타나는 경우 사이에 차이가 있다는 점을 고려한다면 맨 처음에 'yanagi'로 인식되던 것이 'yagi'로 변화했다고 보아 문제가 없을 것이다.

[18] ナラブ(narabu, 並)＞ナブ(nabu)・ナム(namu)의 경우도 '(nabu)・ナム(namu)'가 나타나는 것은 (29)처럼 복합어의 구성성분으로서 쓰일 때가 많다.

(29) a. 日日那倍(ナベ)て　夜には九夜　日には十日を (記歌26)

b. 楯那米(ナメ)て　伊那佐の山の　木の間ゆも… (記歌14)

(30) おしてる　難波の崎の　並び浜　奈羅陪(ナラベ)むとこそ… (紀歌38)

나아가 중고 이후에서는 (31)a.'보통, 일반적', (31)b.'총칭해서'와 같이 부사로 품사 전성된 경우에만 'ナブ(nabu)・ナム(namu)'가 나타나는데 반해 동사로서의 의미가 살아있는 경우에는 (32)처럼 'ナラブ(narabu)'가 사용되고 있다.

(31) a. 初めより、おしなべての上宮仕へし給ふべき際には あらざりき (源氏物語・桐壺)

b. 聞く姿の数々の、おしなめて美しからんをもて (花鏡・幽玄之入堺)

(32) 生け捕りもっとも大切なり、おしならべ[押し並べ]、組めや者ども (保元物語・上)

74 『時代別國語大辞典 上代編』(三省堂、1967)「やぎ」항목.

단, '(nabu)・ナム(namu)'에 관해서는 단독으로 사용되는 경우도 몇 용례가 나타나므로 앞으로 더욱 검토해야할 여지는 있다고 본다.

4.2 파생이나 의미의 특수화 표시 기능

[14] オノレ(onore, 爾:二人称)>オレ(ore), [15] タハブル(tafaburu, 戯)>タブル(taburu, 狂)처럼 음절탈락에 의해 비탈락형(쓰보이(坪井, 1989)의 용어로는 원형)으로부터의 파생이나 의미의 특수화를 표시하는 기능을 담당하고 있는 것이 있다.

우선 [14] オノレ(onore, 爾)>オレ(ore)에 대해 살펴보면 'オノレ(onore)'에서 'オレ(ore)'로의 변화에는 상대에서의 인칭대명사 체계가 하나의 요인으로 작용하고 있다고 본다. 다시 말하면 상대의 인칭대명사에는 (33)과 같은 대응을 볼 수 있다.

(33) 1인칭 대명사 : ア(ワ) ⇔ アレ(ワレ)
a(wa) are(ware)

2인칭 대명사 : ナ ⇔ ナレ
na nare

재귀 대명사 : オノ ⇔ オノレ
ono onore

'オノレ(onore)'는 'オノ(ono)'에 접미사'レ(re)'가 붙은 형태로 'ワレ(ware)' 'ナレ(nare)'와 단어 형태를 맞추는 식으로 만들어졌으며 원래 자기 자신을 가리키는 단어였음을 알 수 있다.

(34) a. 人祖乃意能(オノ)賀弱児乎養治事乃如久治賜比 (宣命3詔)

b. 伊夜彦 於能礼(オノレ)神さび 青雲の たなびく日すら
小雨そほ降る (万16-3883)

그에 반해 [オノレ(onore)>オレ(ore)]의 변화는 2인칭 대명사의 용법으로 사용되는 경우에 한정되고[75] 자기 자신을 가리키는 재귀대명사 용법으로서 사용되는 경우에는 발생하지 않고 있다. 선행연구에 의하면 2인칭 용법으로서의 'オノレ(onore)'와 'オレ(ore)'는 모두 상대방을 비하하는 느낌으로 쓰고 있으며 'オレ(ore)'는 'オノレ(onore)'에 비해 폭언을 퍼부으며 말하는 경우가 많고 속어적인 인칭 대명사라고 한다[76]. 다시 말해서 'オレ(ore)'는 'オノレ(onore)'에 비해 대우표현 상의 가치 감소를 표시하는 기능을 담당하고 있다는 뜻이 된다. 그러나 [オノレ(onore)>オレ(ore)]로의 변화가 2인칭 용법에 국한된다는 점을 감안한다면 비탈락형 'オノレ(onore)'에서 2인칭 대명사의 용법만을 표시하고 박수(拍数, 음절 수) 면에서도 다른 인칭대명사와 보조를 맞추기 위하여 음절탈락이 이루어졌던 것으로 보인다.

다음으로 [15] タハブル(tafaburu, 戲)>タブル(taburu, 狂)로의 변화는 중고에서 'カガフル(kagafuru, 蒙)'에서 'カブル(kaburu, 被)'를 파생시킨 경우와 마찬가지로 어형 변화에 의해 어휘의 증가를 도모한 것이다. 즉, 야마구치(山口, 1977)이 지적하는 것처럼 'タハブル(tafaburu, 戲)'에서 '일반 궤도를 일탈하는 행동을 한다'는 의미의 'タブル(taburu, 狂)'가 만들어졌다고 보는 것이다.

'タハブル(tafaburu, 戲)>タブル(taburu, 狂)'처럼 비탈락형으로부터의 파생, 의미의 특수화를 표시하는 용례로는 촉음・발음의 발생형으로 간주되는 [13] モチテ(motite)>モテ(mote) 등도 포함된다. 본래 'モツ'라는 동사는 '①손에 쥐다, ②소유하다, ③지키다, ④사용하다'의 의미를 지니고 있었다고 하는데[77], 'モチテ(motite)>モテ(mote)'로의

75 1인칭으로 사용되고 있는 용례는 상대 문헌에서는 나타나지 않는다.
76 『時代別國語大辞典 上代編』「おのれ」「おれ」 항목.
77 『時代別國語大辞典 上代編』「もつ」 항목.

변화가 보이는 것은 '④사용하다'의 의미로 쓰인 경우뿐이다. 또한 'モチテ(motite)＞モテ(mote)'는 의미의 특수화가 진행되어 방법이나 수단을 가리키는 조사로서 형식화해 갔다고 보인다.

4.3 문체 및 대우 차이의 표시 기능

'タマフ(tamafu, 給)＞タブ(tabu)'로의 변화는 'タマフ(tamafu)'와 'タブ(tabu)' 사이에 문체적, 대우적인 차이가 인정된다. 즉, 양자 간의 사용 빈도를 살펴보면 상대에서 일반적으로 사용되던 형태는 'タマフ(tamafu)' 쪽이었다. 'タブ(tabu)'는 'タマフ(tamafu)'에 비해 그다지 많이 나타나지는 않지만 센묘(宣命)에 7 용례가 나타나는데 반해 만요슈(万葉集)에는 (35)에 열거한 3 용례만 나타난다.

(35) a. あかねさす　昼は田多婢(タビ)て　ぬばたまの　夜の暇に
摘める芹これ (万20-4455)
b. わが聞きし　耳に好く似る　葦のうれの　足痛くわが背
勤め多扶(タブ) (万2-128)
c. … 栲綱の　白髭の上ゆ　涙垂り　嘆き乃多婆久(ノタバク)…
(万長20-4408)

문체에 따라 'タブ(tabu)'의 사용빈도에 차이가 나타나는 것에 대하여 야마구치(山口, 1993)은 센묘(宣命)의 구처적인 특징에서 그 이유를 설명하고 있다. 즉, 센묘는 원래 구두로 사람들 앞에서 낭독되던 성질의 글이었기 때문에 구송적(口誦的)이며 동시에 대인적(対人的) 성격을 지닌 언어였을 것이라 지적하고 그러한 센묘에 'タブ(tabu)'가 많이 나타나는 것은 'タマフ(tamafu)'와 'タブ(tabu)'가 《문장어(文章語) ⇔ 구두어(口頭語)》 라는 대립을 지니고 있었던 것을 나타낸다고 보았다[78]

그러나 중고 이후의 문헌에서는 'タマフ(tamafu)' 'タブ(tabu)' 사이에 대우적인 측면에서의 차이가 발생하여 'タブ(tabu)' 쪽이 신분이 낮은 자에 대해 쓰이고 있었던 것을 확인할 수 있다.

(36) a. 宮のすけをはじめて、さるべき上人ども、禄とりつづきて、わらはべにたぶ。 (源氏物語・胡蝶)

b. 絹・綿などようの物、阿闍梨に贈らせたまふ。尼君にもたまふ。法師ばら、尼君の下衆どもに料にとて、布などいふ物をさへ召してたぶ。 (源氏物語・宿木)

(__선은 받는 자를 가리킴)

구두어에서 발생한 것으로 보이는 'タブ(tabu)'는 처음에 'タマフ(tamafu)'와 《문장어 ⇔ 구두어》라는 대립관계에 있었을지 모르나 나중에 《경의(敬意) ⇔ 비하(卑下)》라는 대우적인 측면에서의 차이도 나타내게 되었던 것으로 보인다. 이와 같이 'タマフ(tamafu, 給)>タブ(tabu)'의 경우, 단어 형태를 단축시킴으로서 문체상의 가치나 대우표현상의 가치 감소를 표시하는 기능을 담당하고 있었다고 할 수 있다.

4.4 음수율의 조정 기능

음절의 탈락형이 운문 자료에 사용될 때 탈락형을 포함하는 구(句)는 정수 구(定數 句)를 이루고 있는 경향이 있다. 우선 상대 구두어에서

78 야마구치(山口, 1993) pp.166-167.

탈락형과 비탈락형 양쪽이 병존하는 경우에 음수율의 제약에 의해 어느 쪽인가를 선택하는 경향이 있다.

(37) a. 阿乎夜奈義(ヤナギ) 梅との花を 折りかざし… (万5-821)
awoyanagi

b. 安乎夜疑(ヤギ)の 枝切り下ろし 斎種蒔き… (万15-3603)
awoyagino

(38) a. 御心を しずめ多麻布(タマフ)と… (万5-813)
cijumetamafuto

b. …葦のうれの 足痛くわが背 勤め多扶(タブ)べし… (万2-128)
tutometabubeci

(37)은 '青柳'라는 복합어에서 탈락형과 비탈락형이 사용되는 경우이다. 'ヤギ(yagi)'가 복합 형식의 어형이라는 점에 대해서는 4.1에서 다룬 대로인데 (37)은 음수율의 제약을 받아 비탈락형 또는 탈락형이 선택되었다고 보이는 용례이다.(38)은 'タマフ(tamafu)'와 'タブ(tabu)'가 모두 복합동사의 후행요소로서 사용된 경우로 본동사에서 보이는 문체적, 대우 표현적인 차이는 그다지 느껴지지 않는 예들이다. 탈락형을 포함하는 구와 비탈락형을 포함하는 구 모두 정수 구를 이루고 있다는 것을 알 수 있다.

또 동음 음절(또는 청탁음 관계에 있는 음절)이 연속하는 경우에도 정수음 구를 이루고 있다.

(39) a. カハハラ(kafafara, 河原)＞カハラ(kafara)

泉河 清き可波良(カハラ)に 馬とどめ 別れし時に…(万長17-3957)
kiyokikafarani

b. ムスボホル(mucuboforu, 結)＞ムスボル(mucuboru)

…奈呉江の菅の　根もころに　思ひ牟須保礼…
omofimucubore

(万長18-4116)

단, (39)은 음수율의 제약을 받아 탈락형이 사용되었다기 보다도 구두어에서 이미 탈락형이 정착되었기 때문에 사용되었던 것으로 보인다.

탈락형이 음수율의 조정에 관여하고 있지 않는 경우는 (39)와 같이 비교적 음수율의 제약이 느슨한 기키가요(記紀歌謡)의 경우에 한한다.

(40) a. タビビト(tabibito, 旅人)＞タビト(tabito)

…飯に飢て　臥せる　その多比等あはれ　(紀歌104)
conotabitoafare

b. クグヒ(kugufi, 鵠)＞クビ(kubi)

ひさかたの　天の香具山　とかまに　さわたる久毘…
cawatarukubi

(記歌27)

음절의 탈락형과 비탈락형에 나타나는 위와 같은 경향은 모음탈락 현상에서의 (41)(42)와 같은 경향과 유사하다[79].

(41) [ニアリ(niari)・ナリ(nari)] [テアリ(teari)・タリ(tari)]와 같이 구두어에서 탈락형과 비탈락형 양쪽이 나타나는 경우에 운문에서는 음수제약을 받을 때가 있다.

79 權景愛(1999b) 및 본서 제3장 참조.

a. ニアリ(niari)・ナリ(nari)

伊可尓安流(万18-4036) ⇔ 伊可奈流勢奈可 (万14-3536)

b. テアリ(teari)・タリ(tari)

和多之弖安良波(万18-4125) ⇔ 宇惠多良婆 (万17-3910)

(42) [자립어+자립어]인 경우에는 탈락형이나 비탈락형 어느 한쪽만 문헌상에 나타나고 모음탈락이 음수제약에 좌우되는 일이 없다.

a. 渋谷の 先の安里蘇[荒磯]に 寄する波… (万17-3986)

b. … 布勢伊保[伏庵]の 田廬の内に 直土に 藁解き敷きて… (万長5-892)

즉, 구두어에서 탈락형과 비탈락형 양쪽 모두가 공존하는 경우에 모음탈락 현상에서 보이는 (41)의 경향과 음절탈락 [ヤナギ(yanagi)・ヤギ(yagi)], [タマフ(tamafu)・タブ(tabu)] 등에서 나타나는 경향 ― 음수율의 제약이라는 운문적 특징에 따라 선택되는 어형이 다른 경향 ― 이 유사하다. 또한 모음탈락 현상에서 보이는 (42)의 경향과 동음음절(또는 청탁음 관계에 있는 음절)이 연속하는 경우에 나타나는 경향 ― 한 단어화의 지표로써 모음탈락이 발생하는 경우에 탈락이 음수 제약에 좌우되지 않는다는 경향 ― 이 유사하다.

단, 구두어에서 탈락형과 비탈락형이 공존하는 용례들을 보면 음절탈락과 모음탈락은 탈락형과 비탈락형 관계에서 차이가 있다. 모음탈락의 경우에는 [ニアリ(niari) : ナリ(nari)] [テアリ(teari) : タリ(tari)]가 '공식 : 비공식' 관계에 있었던 것으로 사료되는데 반해 음절탈락의 경우에는 탈락형과 비탈락형이 상대 구두어에서 꼭 '공식 : 비공식' 의 대립을 이루고 있었다고는 말하기 어렵고 4.1~4.3의 고찰에 의해 밝혀진 것처럼 [ヤナギ(yanagi) : ヤギ(yagi)]는 [단독형식 : 복합형식], [オノレ(onore) : オレ(ore)]는 [재귀/2인칭 용법 : 2인칭 용법], [タハブル(tafaburu) : タブル(taburu)]는 [원형 : 파생형]이라는 개별 단어에 따라 서로 다른 대립을 이루고 있었다.

이상에서 음절 탈락형이 쓰보이(坪井, 1989)에서 지적하고 있는 (22)a 형태소 연접부에서 발생하여 단어로서의 복합을 표시하기도 하고(カハハラ(kafafara, 河原)>カハラ(kafara)), (22)b 비탈락형(원형)에서의 파생이나 의미 특수화를 표시하기도 하고(タハブル(tafaburu, 戯)>タブル(taburu)), (22)c 어형을 단축시킴으로써 문체상의 가치나 대우표현상의 가치 감소를 표시하는 (タマフ(tamafu, 給)>タブ(tabu)) 기능을 담당하고 있으며 비탈락형에 비하여 쓰이는 범위가 한정되어 있다는 것이 밝혀졌다. 더욱이 (22)에는 지적이 없지만 [ヤギ(yanagi)] [ナブ(nabu)・ナム(namu)]와 같이 복합 형식으로서의 탈락형도 존재하고 있다는 점, 탈락형과 비탈락형이 음수율의 조정 기능도 담당하고 있다는 것을 확인할 수 있었다.

단, [6] クグヒ(kugufi, 鵠)>クビ(kubi)처럼 탈락형과 비탈락형 사이에 기능적인 차이가 존재하고 있다고는 보기 힘든 용례도 있다. [クグヒ(kugufi, 鵠)]에 관해서는 중고 문헌에 나타나는 [キギシ(kigici, 雉)][80]와 더불어 울음 소리를 흉내 낸 새 이름이었을 것으로 추정되며 흉내에 의한 어형이었던 사실이 잊혀져가는 과정 중에 있는 음절탈락 용례로 봐야할 지도 모르겠다.

가메이 다카시(亀井孝, 1970)은 참새(スズメ(cujume))의 'スズ(cuju)'가 'スス(cucu)'가 아니라는 점에 대하여 다음과 같이 지적하고

80 さ野つ鳥　岐藝斯(キギシ)は響む　庭つ鳥　鶏は鳴く(記歌2)
cf) 雉 : キギス　キジ(観名・僧中136-2)

있다[81].

> 지금은 スズ를 원래의 동음반복 スス였던 것이 나중에 スズ가 된 것이 아닌가 하는 선에서 생각해 본다면, 다시 말해서 スス가 사생(寫生), 즉, 음을 묘사한 것이라는 사실이 잊혀져 가는 과정으로서 그것은 スズ로 바뀌게 된 것이다. ス의 반복에서 ス의 모음 u에 울음소리를 방불케 하는 비음이 동반되었다면(오늘날의 チュンチュン(chunchun, 참새 울음소리:필자 주)의 형태를 떠올려 보라), スス가 ススメ 형태로 integrate되어 사생된 동음반복이라는 것을 그만두었을 때 그것은 スズ로 옮겨가더라도 고대일본어로서는 전혀 이상할 것이 없다.
> 今はスズをもとの同音反復ススであったものが、のちにスズとなったのではないかという線で考えてみるならば、すなわち、ススがその杭生であることのわすれられてゆく過程として、それはスズとかわったのである。スの反復においてスの母音 u になきごえを髣髴させる鼻音がともなったとしたら(こんにちのチュンチュンのかたちをおもいあわされよ)、ススがススメのかたちへ integrate されて杭杓の同音反復であることをやめたとき、それはスズへとうつっても古代日本語としてはいっこうにふしぎではない。 [p458]

위의 지적은 'クグヒ(kugufi, 鵠)' 'キギシ(kigici, 雉)' 등에도 해당하는 내용이라 본다. 'クグヒ(kugufi)' 'キギシ(kigici)'의 경우에 'グ(gu)' 'ギ(gi)'가 탈락한 후에 비음적 요소가 'ヒ(fi)' 'シ(ci)'로 흡수되어 'ビ(bi)' 'ジ(ji)'가 되었다. 그러한 의미에서 'クビ(kubi)' 'キジ(kiji)'

---

81 가메이 다카시(亀井孝, 1970)「すずめしうしう」『成蹊国文』3, pp.13-24. 본문 인용부분은『日本語のすがたとこころ(1)』吉川弘文館(가메이(亀井, 1984)에 수록된 부분을 인용하였다.

는 'スズメ(cujume)'에 비해 훨씬 흉내에 의한 어형이라는 것이 잊혀진 단어였을 것이다. 'キジ(kiji)'와는 달리 중고 문헌에서 'クビ(kubi)'가 정착하지 않았던 것은 백조의 호칭 자체가 변했기 때문으로 추정된다.

앞으로 더 자세히 검토할 여지가 있을 것으로 보이나 본 연구에서는 깊이 다루지 않고 다음 기회로 돌리기로 한다.

5 정리

제6장에서는 상대일본어에서 표기상 음절이 탈락한 것처럼 보이는 현상에 대하여 고찰하였다. 동음 음절(또는 청탁음 관계에 있는 음절)이 연속하는 경우에 발생한 탈락형 및 형태소 내부에서 발생한 탈락형은 촉음이나 발음의 발생형이 아니라 음절탈락의 가능성이 높다는 점과, 음절의 탈락형은 본래의 어형(비탈락형)의 악센트 형식을 유지하고 있는 경향이 있음을 밝혔다.

또한 비탈락형과 탈락형 양쪽에 초점을 맞추어 고찰한 결과 음절 탈락이라는 현상은 모음 탈락과 마찬가지로 한 단위화를 표시하는 기능과 음수율의 조정기능을 담당하고 있는 반면에 모음 탈락에는 없는 기능도 담당하고 있음을 확인하였다. 그것은, 모음 탈락의 경우에는 비탈락형과 탈락형이 상대 구두어에서 공존할 때 '공식 : 비공식'의 대립 양상을 띠고 있었던 것으로 추정되는데 반해 음절탈락형의 경우에는 탈락형이 비탈락형에 비해 단어의 길이를 조정하는 기능 [ヤナギ(yanagi) ↔ ヤギ(yagi)], 의미 파생・특수화를 표시하는 기능 [タハブル(tafaburu) ↔ タブル(taburu)], 문체나 대우표현상의 가치 감소를 표시하는 기능 [タマフ(tamafu) ↔ タブ(tabu)] 등이 있었던 것으로 보인다.

이와 같이 탈락형만을 고찰 대상으로 삼는 기존의 연구 방식으로는 탈락의 이유나 기능에 대해 밝혀낼 수 없다는 점도 확인되었다고 생각한다. 고대 일본어에서 음절탈락에 관해서는 고찰대상이 되는 용례가 적다는 한계가 있으므로 앞으로 중세 이후의 탈락 용례를 포함하여 면밀히 검토할 필요가 있을 것이다.

제7장

결 론

1. 본 연구의 정리
2. 이후의 과제

고대일본어의 음 탈락 연구

제7장

결 론

본 연구의 정리

본서에서는 상대 일본어 및 중고 일본어에서의 모음탈락과 음절탈락에 대해 탈락형뿐만 아니라 모음탈락이 일어나지 않은 용례(비탈락형)에 대해서도 초점을 맞추고, 탈락형이 나타나는 문체의 특징 및 그 밖의 음운현상과의 상관성을 종합적으로 검토해보았다. 각 장에서 얻어진 결과는 이하와 같이 정리할 수 있다.

제3장에서는 모음탈락에는 종래와 같은 '연모음의 회피'와 '형태소 간의 결합 정도'라는 관점만으로는 설명할 수 없는 용례가 있다는 것을 지적하고, 문헌을 운율성이 있는 것과 그렇지 않은 것으로 크게 나눈 다음 모음탈락이 나타나는 방식을 검토하였다. 그 결과 다음의 3가지 사항을 밝혔다.

① 운문에 보이는 모음 탈락형 중 부속어 및 특정 동사('オモフ(omofu, 思ふ)', 'イヅ(idu, 出づ)' 등)를 포함하는 형식에서의 모음탈락에는 운문으로서의 음수 제약에 좌우되고 있는 것이 있다. 즉, 탈락에 의해 정수 구(句)가 되는 경우에는 탈락형이 사용되는 경우가 있지만, 탈락하면 정수를 채우지 못 할 우려가 있는 경우에는 탈락이 회피되어 비탈락형이 사용된다.

② [アライソ(araico, 荒磯)>アリソ(arico)] [トコイハ(tokoifa, 常磐)>トキハ(tokifa)]등, 부속어(조사 및 조동사)를 포함하지 않는 단어 구성일 경우에는 탈락형이나 비탈락형 중 어느 한 쪽으로 정해져 있으며 운문 속에서 탈락이 음수 제약에 좌우되는 일이 없다.

③ [~アリ(ari)]형의 탈락형 [ニアリ(niari)>ナリ(nari)]의 경우, 구두어에서 이미 탈락형이 발달하여 비탈락형과 공존상태에 있던 것으로 보이지만, 센묘 등에서 비탈락형인 'ニアリ(niari)'가 사용되던 것과 대조적으로 운문에서는 확실히 탈락형이 나타나기 쉽다. 이것은 센묘와 같이 왕의 명령을 전하는 문체에서는 그 내용에 걸 맞는 격식을 차린 formal 형식이 사용되기 쉽고, 운문에서는 음수 제약도 있어서 탈락형과 비탈락형 양쪽의 형태가 쓰였음을 뜻하고 있다고 생각할 수 있다.

위의 3가지를 밝힘으로써 운문에서의 모음탈락과 산문에서의 모음탈락을 동일시하여 파악해서는 안 된다는 것을 밝혔다.

제4장에서는 먼저, 운문에서 음수 제약에 좌우되는 탈락형과 구두어에서 존재했을 것으로 보이는 탈락형 사이에 탈락의 양상에 차이가 나는 점에 주목하여 다음의 2가지 특징을 밝혀냈다.

① 상대 구두어에서 존재할 수 있던 모음 탈락형의 경우는 선행요소에서의 말미음절 모음이 탈락하는 형태를 취하는 것이 일반적이며, 의미적, 문법적으로 중심 부분을 담당하는 경우가 많은 후행요소의 어형

이 보존되는 형태로 탈락이 이루어졌다.

② 운문 속에서 음수율의 조정에 적극적으로 관여하고 있는 것으로 보이는 탈락형의 경우는 구두어에서 존재할 수 있던 모음 탈락형과는 달리 후행요소의 어두 모음음절이 탈락하는 경우가 많다. 이들 부류는 탈락해도 후반 부분밖에 손상을 주지 않는 만큼 탈락형이 되어도 일반적인 탈락형에 비해 원래의 단어나 구로 복원하는 것이 비교적 용이했던 것으로 보인다. 특히 'モフ(omofu, 思)', 'ヅ(i여, 出)' 등은 어두 모음음절이 탈락해도 동음 충돌을 일으키는 단어가 사실 상 존재하지 않았기 때문에 의미의 혼란을 발생시킬 우려가 없었다.

더불어, 위 ①②에 보이는 경향과 모음탈락을 전제로 하여 성립하는 자훈차용 가나 표기에 보이는 경향을 비교하여 모음탈락을 전제로 한 자훈차용 가나 표기에는 아래 ③④와 같이 훈(訓)의 동정(同定)을 용이하게 하기 위한 배려와 고안이 이루어져 있는 것을 밝혔다.

③ [アラアシ(araaci, 荒足)＞アラシ(araci)] [ユウツル(yuuturu, 湯移)＞ユツル(yuturu)]처럼 같은 모음이 연속하는 형태의 단어를 후부요소에 사용함으로써 문자와 훈 사이에 존재하는 위화감을 최소한으로 억제하고 있다.

④ 비록 다른 모음이 연속하는 상황에 있어도 후속어가 되는 문자에 일반적으로 모음탈락이 발생하는 일이 없는 단어([アフ(afu, 合・会)])나 동일한 모음을 2개 포함하는 단어([イシ(ici, 石)], [イチ(iti, 市)] 등)를 사용하여 어두 모음음절을 탈락시키는 방법을 취하고 있다. 이것은 음운 현상으로서의 모음탈락 양상과는 다른 방법을 취함으로써 순차적으로 읽어 내려가도록 한 고안 방법의 하나였을 것으로 추정된다.

종래에 전후 음 환경에 의해 탈락하는 모음이 정해진다고 간주되고 그 방증으로써 모음탈락을 전제로 한 자훈차용 가나 표기의 용례를 드는 일이 종종 있었는데, ③과 ④에 의해 음운 현상으로서의 모음탈락 용례와 자훈차용으로 사용된 모음탈락 전제 표기의 용례와는 같은 원리로 설명되어야 할 성질의 것이 아니라는 것을 밝혔다.

제5장에서는 상대 일본어에 보이는 모음의 탈락형 및 비탈락형에 대해 복합어의 접합 부분에서의 악센트 높이의 차이라는 측면에서 검토하여 양자 사이에 상관성이 인정된다는 것을 밝혔다. 먼저 선행요소의 말미음절 및 후속성분의 어두 음절에 대해 다음과 같은 경향이 있다는 사실을 지적하였다.

① 접합 부분의 악센트의 높이가 같은 경우는 탈락이 일어나기 쉽고 다른 경우는 탈락이 일어나기 어렵다. 이것은 복합어 전체의 악센트에 관해 고저의 배열이 변화하지 않는 경우에 탈락하기 쉬웠다는 것을 뜻한다.

② 탈락형의 대부분은 악센트 면에서도 한 단위라는 것이 표시되어 있으며 복합에 의해 고음 부분이 두 곳으로 나뉘는 식이 되면 모음탈락이 회피된다.

위의 두 경향에서 모음이 탈락해도 원래의 악센트는 보존되었으며 양 형태소는 분리 가능한 상태에 있었다는 것, 그리고 모음탈락에 의한 양 형태소의 융합 표시는 악센트 위에서도 한 덩어리(단위)라고 인식할 수 있을 때에 실현되기 쉬웠다는 것이 확인되었다. 또한 상대의 모음 탈락형의 악센트를 살펴보는데 중고 악센트 자료를 이용해도 지장이 없다는 전제 하에서 고찰을 진행했는데, 상대에서의 탈락형과 중고에서의 탈락형 사이에는 같은 경향이 보여, 이를 통해 상대와 중고가 같은 악센트 체계 하에 있었다고 볼 수 있다는 것도 확인할 수 있었다.

제6장에서는 상대 일본어에서 표기상 음절이 탈락한 것처럼 보이는 용례([カハハラ(kafafara, 河原)＞カハラ(kafara)] [オノレ(onore, 爾)＞オレ(ore)] [タマフ(tamafu, 給)＞タブ(tabu) 등)에 대해 기능적인 측면에서 고찰하였다. 우선, 상대 일본어에서 표기상 음절이 탈락한 것처

럼 보이는 용례 중에 동음 음절(또는 청탁음 관계에 있는 음절)이 연속하는 경우나 형태소의 내부에서 발생한 탈락형은 촉음(促音)・발음(撥音)의 발생형이 아니라 음절탈락일 가능성이 높다는 점을 지적한 후에 이들의 음절 탈락형에 보이는 경향을 모음 탈락형에 보이는 경향과 비교하여 다음과 같은 공통점과 차이점을 밝혔다.

① 동음 음절(또는 청탁음 관계에 있는 음절)이 연속하는 경우 및 형태소 내부에서 발생하는 음절 탈락형의 경우는 본래의 단어형(비탈락형)의 악센트를 보존하고 있다는 점에서 모음탈락 현상과 공통점이 인정된다.

② 형태소 경계에서 발생한 음절탈락의 경우, 상대 문헌에서는 탈락형밖에 나타나지 않는다고 하는 경향이 있으며 모음 탈락형과 마찬가지로 음절탈락에 의해 한 단위화를 표시하는 기능을 담당하고 있었던 것으로 보인다.

③ 형태소 내부에서 발생한 음절탈락의 경우는 탈락형과 비탈락형이 공존하는 경향이 보이는데, 이들은 모음탈락의 경우와 마찬가지로 운문 속에서 음수율의 조정기능을 하는 경우가 있다고 하는 공통성을 가지는 반면, 모음탈락과는 다른 타입의 기능 역시 담당하고 있었다. 즉, 구두어에 있어서 탈락형과 비탈락형이 공존하는 경우, 모음의 비탈락형과 탈락형은 [공식적(formal) : 비공식적(informal)]이란 대립을 가지고 있던 것으로 보이는데, 음절 탈락형은 비탈락형에 비해 복합 표시 기능을 가지는 경우([ヤナギ(yanagi, 楊) ⇄ ヤギ(yagi)])와 의미의 파생・특수화를 표시하는 경우([タハブル(tafaburu, 戯) ⇄ タブル(taburu, 狂)]), 문체・대우표현 상의 평가 감소를 표시하는 경우([タマフ(tamafu, 給) ⇄ タブ(tabu)])가 있었다.

음절탈락에 대해서도 탈락형과 비탈락형의 양쪽에 주목함으로써 탈락의 이유와 기능에 대해 밝힐 수가 있었다고 본다.

이상, 고대 일본어에서의 모음탈락 현상에 대하여 문체적 측면과 비탈락형과의 관계에서 다시금 음미한 결과, 운문에서의 모음탈락과 산문에서의 모음탈락을 동일시하여 파악해서는 안 된다는 점, 모음탈락 현상을 표기법으로써의 자훈차용 가나 표기의 용례와 함께 다루어서는 안 된다는 점, 음수율의 제약을 받지 않는 복합어에서 모음탈락과 악센트 사이에 상관성이 인정된다는 점, 모음탈락과 공통되는 기능을 갖는 음절 탈락형이 있다는 것을 확인하였다. 본서의 고찰에 의해 모음탈락의 일부는 자연발생적으로 생겨난 현상이 아니라 언어 운용상의 필요를 충족시키기 위해 발생한 현상이었다는 것이 밝혀졌다.

2 이후의 과제

그러나 남겨진 과제도 있다.

첫째, 모음탈락 현상의 쇠퇴에 관한 종합적인 고찰이 이루어져 있지 않은 점이다. 즉, 본서의 고찰 속에서는 복합어에서의 모음탈락의 쇠퇴에 악센트가 관여하고 있었다는 점에 대해서는 밝혀냈지만, 모음탈락에 의한 음수율의 조정이 상대에만 왕성하게 이루어지고 중고 이후 쇠퇴해간 이유에 대하여 충분한 답을 얻어내지 못 했다. 이 문제에 관해서는 중고 운문에 보이는 특징과 경향을 검토한 다음에 종합적으로 파악할 필요가 있을 것이다.

둘째, 모음탈락과 악센트의 관련성을 논할 때, 각각의 단어에 대한 악센트는 문헌 간의 차이가 없지 않는 한 기재된 내용 그대로를 인용하고 있으나, 동사 제2류의 악센트 추정 등의 문제를 포함하여 좀 더 음미할 필요가 있다.

셋째, 모음탈락을 전제로 한 자훈차용 가나 표기(모음탈락 전제 표기)에 대한 고찰에 관해서는 각각의 용례에 대한 음미가 불충분하며 선행 논고에 의한 바가 크다. 자훈차용 가나 표기 기능에 대한 총체적인 고찰 및 검토가 있어야 할 것이다.

마지막으로, 고대 일본어에서의 음절탈락에 대해서는 음절의 탈락형과 촉음형 · 발음형을 나눌 때, 문헌을 통해서는 양자의 경계를 설정할 수 없기 때문에 '어느 쪽일 가능성이 더 높은가'를 기준으로 삼고 있다. 또한 고찰의 대상이 되는 용례가 모음탈락에 비해 적다는 점이 문제로 남아, 향후 중고 중세 이후의 탈락 용례를 포함시켜 더 세심한 검토가 따라야 할 것이다.

이러한 문제점들에 관해서는 앞으로의 과제로 삼겠다.

고대일본어의 음 탈락 연구

【인용문헌】 (시대 순)

▎고지키(古事記)

日本古典文学大系(『古事記・祝詞』岩波書店, 1958)

新篇日本古典文学全集(『古事記』小学館, 1997)

▎니혼쇼키(日本書紀)

日本古典文学大系(『日本書紀(上)(下)』岩波書店, 1966-1967)

神宮古典籍影印叢刊2『古事記日本書紀(下)』八木書店, 1982)

鈴木豊『日本書紀神代巻　諸本声点付語彙索引』アクセント史資料研究会, 1988)

『古代史籍集(日本書紀乾元本)』天理図書館善本叢書1(八木書店, 1972)

▎만요슈(万葉集)

日本古典文学大系(『万葉集(1)～(4)』岩波書店, 1957)

新篇日本古典文学全集(小学館, 1974-1996)

佐竹明広・木下正俊・小島憲之共著『(補訂版) 万葉集 本文篇』(塙書房, 1998)

▎기키카요(記紀歌謡)

日本古典文学大系(『古代歌謡集』岩波書店, 1957)

▎후도키카요(風土記歌謡)
日本古典文学大系(『古代歌謡集』岩波書店, 1957)

▎붓소쿠세키카(仏足石歌)
日本古典文学大系(『古代歌謡集』岩波書店, 1957)

▎가구라(神楽歌)
日本古典文学大系(『古代歌謡集』岩波書店, 1957)

▎쇼소인가나몬죠(正倉院仮名文書)
国語学会編『国語史資料集―図録と解説―』

▎쇼소인몬죠(正倉院文書)
東大史料編纂所編『大日本古文書　家わけ十八東大寺文書』

▎쇼쿠니혼키센묘(続日本紀宣命)
北川一秀『続日本紀宣命　校本・総索引』(吉川弘文館, 1982)

▎신센지쿄(新撰字鏡)
澤潟久孝、京都大学国文学研究室編『新撰字鏡』(全国書房, 1944)

▎고킨와카슈(古今和歌集)
日本古典文学大系(『古今和歌集』岩波書店, 1958)

▎신고킨와카슈(新古今和歌集)
日本古典文学大系(『新古今和歌集』岩波書店, 1992)

▎긴요와카슈(金葉和歌集)
日本古典文学大系(『金葉和歌集』岩波書店, 1989)

▎센자이와카슈(千載和歌集)
新日本古典文学大系(『千載和歌集』岩波書店, 1993)

▎우쓰호모노가타리(宇津保物語)
日本古典文学大系(『宇津保物語』岩波書店, 1959)

▎도사닛키(土佐日記)・가게로닛키(蜻蛉日記)
日本古典文学大系(『土佐日記・かげろふ日記・和泉式部日記・更級日記』(岩波書店, 1957)

▌겐지모노가타리(源氏物語)

日本古典文学大系(『源氏物語(1)~(4)』岩波書店, 1958-1963)

▌마쿠라노소시(枕草子)

日本古典文学大系(『枕草子』岩波書店, 1958)

▌류이쥬묘기쇼(類聚名義抄)

『図書寮本類聚名義抄』(宮内庁書陵部複製本, 勉誠社, 1969)

『類聚名義抄 観智院本 佛・法・僧』(天理図書館善本叢書32, 八木書店, 1976)

高山寺本『倭名類聚抄 三寶類字抄』(天理図書館善本叢書2, 八木書店, 1971)

鎮国神社本(望月郁子編『類聚名義抄 四種声点付和訓集成』笠間索引叢刊44、1974)

▌와묘류이쥬쇼(倭名類聚抄)

馬淵和夫『和名類聚抄 古写本声点本本文および索引』(風間書房, 1973)

▌고킨와카슈쇼텐본(古今和歌集声点本)

秋永一枝『古今和歌集声点本の研究 資料篇・索引篇』(アクセント史資料研究会, 1974)

▌슈추쇼(袖中抄)

秋永一枝・後藤祥子『袖中抄 声点付語彙索引』(アクセント史資料研究会, 1987)

▌이로하지류이쇼(色葉字類抄)

中田紀夫・峰岸明編『色葉字類抄研究並び総合索引』(風間書房, 1979)

前田育徳会編刊『尊経閣蔵三巻本色葉字類抄』(勉誠社, 1981)

▌게다쓰몬기쵸슈키(解脱門義聴集記)

金沢文庫本の紙焼写真(金沢文庫研究紀要 第4号, 1967)

▌시대별국어대사전-상대편-(時代別國語大辭典 上代編)

上代語辞典編修委員会『時代別國語大辭典 上代編』(三省堂, 1967)

고대일본어의 음 탈락 연구

【참고문헌】 (가나다 순)

▎가메이 다카시

亀井孝(1962)「「さざれ」「いさご」「おひ(い)し」」『香椎潟』8(『日本語のすがたとこころ(2)』, pp.163-171에 수록)

_______(1970)「すずめしうしう」『成蹊國文』3, pp.13-24(『日本語のすがたとこころ(一)』에 수록)

_______(1980)「《-キ(-)>-イ(-)》のいすとうりあ(ものがたり)」『国語国文』49-1, pp.1-31(『日本語のすがたとこころ(一)』에 수록)

______(1984)『日本語のすがたとこころ(1)(2)』亀井孝論文集3-4, 吉川弘文館

▎가스가 가즈오

春日和男(1953)「'助動詞『たり』の形成について—『てあり』と『たり』—」『万葉』7, pp.51-67

________(1968)『存在詞に関する研究』風間書房

▎가와바타 요시아키

川端善明(1968)「名詞の活用以前—母音の脱落・交代・同化について—」『文学史研究』10, pp.34-62(후에『活用の研究 I』에 개정되어 수록)

________(1978)『活用の研究Ⅰ』大修館書店
________(1979)『活用の研究Ⅱ』大修館書店

▎고마쓰 히데오

小松英雄(1957)「和訓に施された平声軽の声点」『国語学』29, pp.17-35 (『日本語声調史研究』1971에 수록)

________(1959)「平安末期畿内方言の語調体系」『国語学』39, pp.39-49 / 40, pp.40-55

________(1971)『日本語声調史研究』風間書房

________(1975)「音便機能考」『国語学』101, pp.1-16

__________(1978)「アクセントの変遷」『岩波講座　日本語5　音韻』, pp.361-410

________(1986)『国語史学基礎論 増補版』笠間書院

▎권경애

權景愛(1995)「上代 日本語에서 나타나는 母音脫落形」『日語日文學研究』韓國日語日文學會, pp.99-124

______(1999a)「上代日本語の母音脱落とアクセント―融合標示の手段としての両者の相関性―」『日本語と日本文学』28, pp.35-49

_______(1999b)「上代日本語における母音脱落―音数律との関連に着目して―」『国語学』197, pp.1-14

_______(1999c)「上代日本語における音節脱落」『筑波日本語研究』4, pp.91-110

▎기노시타 마사토시

木下正俊(1958)「準不足音句考」『万葉』26(『万葉集語法の研究』塙書房, 1986, pp.413-436에 수록)

________(1986)『万葉集語法の研究』塙書房

▎기다 아키요시

木田章義(1988)「日本語の音節構造の歴史―「和語」と「漢語」―」『漢語史の諸問題』京都大学人文科学研究所, pp.151-172

▎기시다 다케오

岸田武夫(1942)「上古の国語に於ける母音音節の脱落」『国語と国文

学』19-8, pp.58-79

________(1948)「上代国語に於ける所謂『約音』について」『国語と国文学』25-12, pp.2-44

________(1957)「国語における音節の脱落について(1)」『京都学芸大学学報』A 11, pp.27-37

________(1958)「国語における音節の脱落について(2)」『京都学芸大学学報』A 12, pp.1-38

________(1984)『国語音韻変化の研究』武蔵野書院

▌긴다이치 교스케

金田一京助(1937)『国語音韻論』刀江書院

▌긴다이치 하루히코

金田一春彦(1937)「現代諸方言アクセントのから見た平安朝のアクセント」『方言』7-6, pp.1-43

________(1953)「国語アクセント史の研究が何の役に立つか」『金田一博士古稀記念言語民族論叢』, pp.329-354

________(1964)『四座講式の研究』三省堂

________(1974)『国語アクセント史的研究 原理と方法』塙書房

▌니시미야 가즈타미

西宮一民(1970)「上代子音音節の脱落と語釈について」『皇学館大学紀要』8, pp.1-10

▌다카야마 미치아키

高山倫明(1981)「原音声調から観た日本書紀音仮名表記試論」『語文研究』51, pp.13-20

________(1992)「清濁少考」『日本語論究2』和泉書院

▌다케이 무쓰오

武井睦雄(1963)「『万葉集』における母音音節ではじまる仮名の第一音節が持つ機能について」『国語研究室』東京大学創刊号

▌모리 마사모리

毛利正守(1979)「万葉集に於ける単語連続と単語結合体」『萬葉』100,

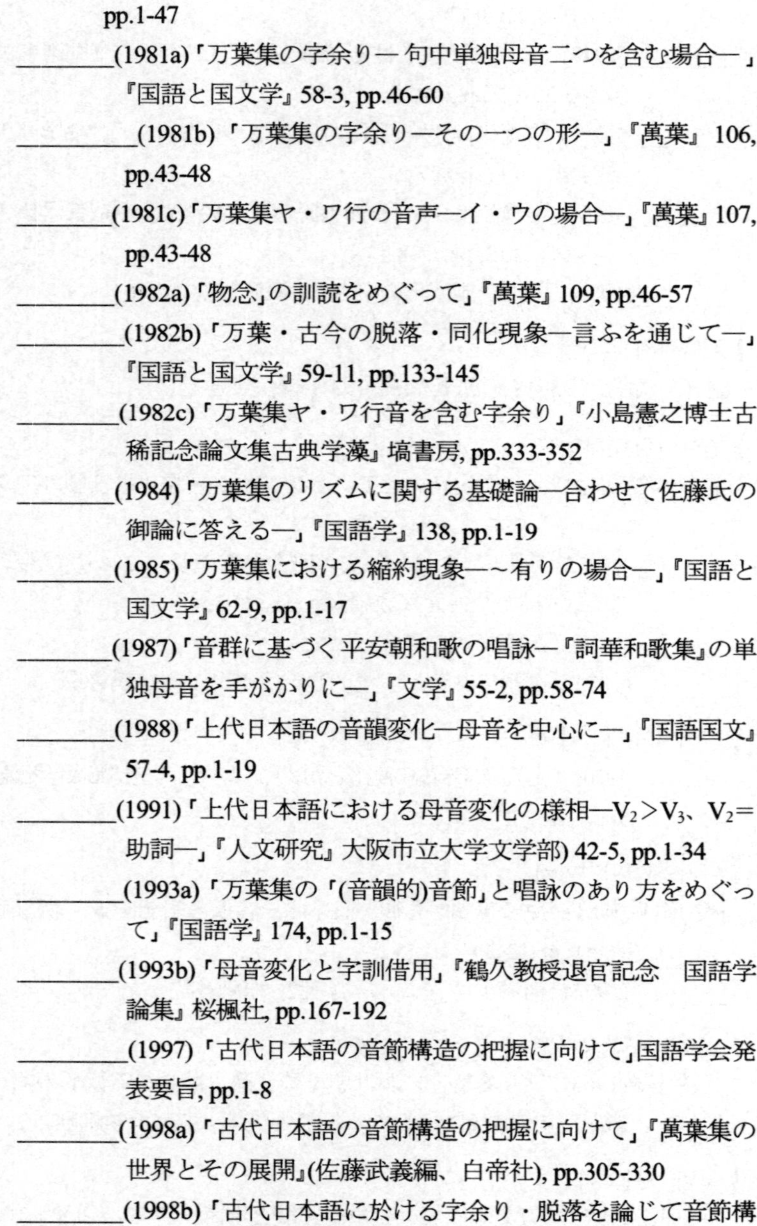

pp.1-47

________(1981a)「万葉集の字余り― 句中単独母音二つを含む場合―」『国語と国文学』58-3, pp.46-60

________(1981b)「万葉集の字余り―その一つの形―」『萬葉』106, pp.43-48

________(1981c)「万葉集ヤ・ワ行の音声―イ・ウの場合―」『萬葉』107, pp.43-48

________(1982a)「物念」の訓読をめぐって」『萬葉』109, pp.46-57

________(1982b)「万葉・古今の脱落・同化現象―言ふを通じて―」『国語と国文学』59-11, pp.133-145

________(1982c)「万葉集ヤ・ワ行音を含む字余り」『小島憲之博士古稀記念論文集古典学藻』塙書房, pp.333-352

________(1984)「万葉集のリズムに関する基礎論―合わせて佐藤氏の御論に答える―」『国語学』138, pp.1-19

________(1985)「万葉集における縮約現象―～有りの場合―」『国語と国文学』62-9, pp.1-17

________(1987)「音群に基づく平安朝和歌の唱詠―『詞華和歌集』の単独母音を手がかりに―」『文学』55-2, pp.58-74

________(1988)「上代日本語の音韻変化―母音を中心に―」『国語国文』57-4, pp.1-19

________(1991)「上代日本語における母音変化の様相―$V_2 > V_3$、V_2＝助詞―」『人文研究』大阪市立大学文学部) 42-5, pp.1-34

________(1993a)「万葉集の「(音韻的)音節」と唱詠のあり方をめぐって」『国語学』174, pp.1-15

________(1993b)「母音変化と字訓借用」『鶴久教授退官記念　国語学論集』桜楓社, pp.167-192

________(1997)「古代日本語の音節構造の把握に向けて」国語学会発表要旨, pp.1-8

________(1998a)「古代日本語の音節構造の把握に向けて」『萬葉集の世界とその展開』(佐藤武義編、白帝社), pp.305-330

________(1998b)「古代日本語に於ける字余り・脱落を論じて音節構

造に及ぶ―万葉(和歌)と宣命を通して―」『国語と国文学』75-5, pp.119-130

▎모리야마 다카시

森山隆(1957) 「上代における母音音節の脱落について」『語文研究』6・7合併号, pp.40-48(후에 『上代国語音韻の研究』 개정되어 수록)

______(1971)「第6章 母音音節の脱落・縮約現象」『上代国語音韻の研究』桜楓社, pp.247-77

▎모치즈키 이쿠코

望月郁子 編(1974)『類聚名義抄 四種声点付和訓集成』笠間索引叢刊 44 笠間書院

▎모토오리 노리나가

本居宣長(江戸時代)『字音仮名用字格』(『玉あられ、字音仮名用字格』勉誠社, 1976)

▎미나미 후지오

南不二男(1964)「名義抄時代の京都方言に於ける二字四段活用動詞のアクセント」『国語学』27, pp.69-80

▎사카쿠라 아쓰요시

阪倉篤義(1966)『語構成の研究』角川書店

▎사쿠라이 시게하루

櫻井茂治(1968) 「古代日本語の音節構造について-その特質と解釋-」『国学院雑誌』69-7, pp.28-41

________(1971)「万葉集のリズム―字余りと音節構造―」『国学院雑誌』72-9, pp.1-12

________(1975)『古代国語アクセント史論考』桜楓社

________(1994)『日本語音韻・アクセント史論』笠間書院

▎사타케 아키히로

佐竹昭広(1946)「万葉集短歌字余り考」『文学』14-5, pp.37-49

▎사토 에이사쿠

佐藤栄作(1983)「万葉集の字余り、非字余り—形式面、リズム面からのアプローチ—」『国語学』135, pp.1-15

▎세키 가즈오

関一男(1958) 「中古・中世のいわゆる複合動詞について－源氏・栄花・宇治拾遺・平家の四作品における－」『国語学』32, pp.48-58

________(1960)「いわゆる複合動詞の変遷」『国語と国文学』37-2, pp.59-79

________(1977)『国語複合動詞の研究』笠間書院

▎쓰루 히사시

鶴久(1968)「上代の借訓仮名と母音脱落の現象をめぐって」『万葉』66, pp.26-40

____(1995)『万葉集訓法の研究』おうふう

▎쓰보이 요시키

坪井美樹(1989)「音脱落をめぐって考える—日本語史でのその役割—」『文芸言語研究』筑波大学文言語学系紀要16, pp.1-18

▎쓰키시마 히로시

築島裕(1969)『平安時代語新論』東京大学出版会

▎아리사카 히데요

有坂秀世(1940)『音韻論』 三省堂

________(1944)『国語音韻史の研究』明世堂書店

________(1955)『上代音韻攷』三省堂

▎야나기다 세이지

柳田征司(1984)『音韻脱落・転成・同化の原理』自家版(『室町時代を通して見た日本語音韻史』에 수록)

________(1993)『室町時代を通して見た日本語音韻史』武蔵野書院

▎야나이케 마코토

屋名池誠(1992)「母音脱落—日本語上代中央方言資料による形態音韻論的分析—」『女子大文学』43, 大阪女子大学国文学科紀要, pp.1-41

▌야마구치 요시노리

山口佳紀(1971)「古代日本語における母音脱落の現象について」『国語学』85, pp.1-17

________(1974)「古代日本語における語頭子音の脱落」『国語学』98, pp.1-15

________(1977)「上代における音節の脱落」『五味智英先生古稀記念上代文学論叢』論集上代文学8, 笠間書院

________(1985)『古代日本語文法の成立の研究』有精堂

________(1993)『古代日本文体史論考』有精堂

________(1998)「『古事記』歌謡における稀用語の処理」『論集上代文学』22, 万葉七曜会編, 笠間書院(후에『古事記の表現と解釈』(風間書房, 2005)에 수록)

▌엔도 구니모토

遠藤邦基(1976)「古代語の連母音—音節構造の立場から—」『王朝』9(후에『国語表現と音韻現象』(新典社, 1989) pp.207-227에 수록)

________(1989)『国語表現と音韻現象』新典社

▌오노 스스무

大野晋(1955)「万葉時代の音韻」『万葉集大成6 言語篇』平凡社(『仮名名遣と上代語』에 수록)

________(1982)『仮名名遣と上代語』岩波書店

▌오쿠무라 미쓰오

奥村三雄(1958)「音韻とアクセント—アクセント研究の意義—」『国語国文』27-9, pp.1-16

________(1995)『日本語アクセント史研究』風間書房

▌요시이 겐

吉井健(1994)「万葉集における母音脱落を想定した表記」『萬葉』152, pp.38-58

▌하마다 아쓰시

浜田敦(1946)「促音沿革考」『国語国文』14-10, pp.1-14

______(1950)'古代国語に於ける挿入的子音」『人文研究』2-1, pp.41-64

▎하시모토 신키치

橋本進吉(1932, 1959)「国語に於ける鼻母音」『方言』2-1 pp.1-7(『国語音韻の研究』에 수록)

________(1942)「国語の音節構造と母音の特性」『国語と国文学』東京大学国語国文学会 19-2, pp.1-20

________(1948)「国語の音節構造の特質について」『国語学』1, pp.24-43

________(1959)『国語音韻の研究』橋本進吉著作集4 岩波書店

▎하야시 지카후미

林史典(1985)「何のために国語史を教えるか」『応用言語学講座 日本語の教育』明治書院, pp.148-162

________(1992)「ハ行転平音」は何故「平安時代」に起こったか」『国語と国文学』69-11, 東京大学国語国文学会, pp.110-119

________(1993)「第6章　古代語の音韻・音韻史」『日本語要説』ひつじ書房, pp.169-194

▎후지타니 미쓰에

富士谷御杖(文政2年)『北辺随筆』(『日本随筆大成15』吉川弘文館, 1995)

▎후쿠다 료스케

福田良輔(1964)「古代日本語における語構成と音節結合について」『国語と国文学』39-3, 東京大学国語国文学会, pp.1-14

저자약력

Ⅰ권 경 애

1988.2 한국외국어대학교 일본어과 졸업
1991.8 한국외국어대학교 대학원 일어일문학과 졸업(문학 석사)
1994.3 일본 쓰쿠바대학 대학원 문예언어연구과 박사 전기 과정 졸업 (언어학 석사)
2000.3 일본 쓰쿠바대학 대학원 문예언어연구과 박사후기과정 졸업 (언어학 박사)
2000.9 ~ 한국외국어대학교 일본어통번역학과 교수로 재직 중

주요저서
일본어의 역사(3인 공저, J&C)

한국외국어대학교 일본연구소 총서 8

고대일본어의 음 탈락 연구

초판 1쇄 발행 2014년 04월 29일
초판 2쇄 발행 2015년 09월 07일

저 자 권 경 애
발 행 인 윤 석 현
발 행 처 제이앤씨
책임편집 최인노 · 김선은
등록번호 제7-220호

우편주소 서울시 도봉구 우이천로 353 성주빌딩 3층
대표전화 02) 992 / 3253
전 송 02) 991 / 1285
홈페이지 http://www.jncbms.co.kr
전자우편 jncbook@hanmail.net

ISBN 978-89-5668-513-7 93730 정가 18,000원